LE LIVRE NOIR DE L'AGRICULTURE

DU MÊME AUTEUR

*Ne mâchons pas nos maux. Consommons autrement pour vivre mieux*, Robert Laffont, 2009.

*Le Beurre*, Plon, 2008.

*Un si joli petit monde. Dans l'arrière-boutique de l'autre gauche et des altermondialistes*, La Table ronde, 2006.

Isabelle Saporta

# Le livre noir de l'agriculture

## Comment on assassine nos paysans, notre santé et l'environnement

Fayard

ISBN : 978-2-213-65603-8

Couverture : création graphique © Atelier Didier Thimonier
Photo © Alex Maclean / Getty Images

*Pour Mickaël Poillion, René Louail, Jean-Pierre Pasquet, Michel Delhommeau, Daniel Evain, Gérard Legruel…*

*Et tous ces paysans qui aiment viscéralement la terre, leurs bêtes, et surtout les hommes.*

# Remerciements

Je voudrais remercier ici Christophe Labbé, qui m'a poussée à écrire ce livre, à décortiquer et à approfondir ces sujets. Ses conseils, son expérience, son talent ont été précieux.

Un grand merci aussi à François Veillerette et Nadine Lauverjat, pour leur aide et leur soutien constants. Pour leur combat de chaque jour.

Merci à Pierre Weill, Gérard Ailhaud, Jacques Mourot et Bernard Schmitt. Grâce à leurs travaux et à leur disponibilité, les oméga 3 n'ont plus de mystères pour moi !

Mille mercis à toute l'équipe du WWF France, sa présidente Isabelle Autissier, son directeur Serge Orru, Cyrille Deshayes, Isabelle Laudon, Guillaume Llorca, Boris Patentreger et, bien sûr, Jacques-Olivier Barthes.

Enfin, merci à Alain Peretti, Yvon Foricher, Michel Izard, Alain Palloix, Mathilde Causse, Jocelyne Porcher, Dominique Lanzmann, Gilles Huet, Dominique Marion, Pierre Boulanger,

Frédéric Pétillot, René Damidaux, Michel Ledoux, Catherine Renard, Sylvain Médard, Pierre Rustin, Michel Poirier, Gilles Salvat… Et à tous les autres.

Vous souvenez-vous des Shadoks ? Ces étranges oiseaux qui passaient leur vie à pomper, pomper, pomper et à inventer des machines toujours plus absurdes pour résoudre leurs problèmes… Ridicules ? Et pourtant, les Shadoks, aujourd'hui, c'est nous, ou plutôt notre agriculture. Dépensière en eau et en pesticides, pollueuse, onéreuse, elle sacrifie les paysans et met leur santé et la nôtre en danger. Malgré son coût prohibitif – le budget de la politique agricole commune atteint 57 milliards d'euros en 2010, soit 44 % du budget de l'Union[1] –, l'agriculture actuelle ne respecte ni le pacte social qui la lie aux paysans, ni le pacte environnemental qui la lie aux générations futures, ni même le pacte de

1. http://eur-lex.europa.eu/budget/data/D2010_VOL4/FR/nmc-titleN123A5/index.html.

santé publique qui la lie à nous tous. Les agriculteurs ne s'en sortent plus. Les ressources d'eau sont gaspillées, polluées. Nous retrouvons chaque jour dans nos assiettes notre dose de pesticides et autres résidus médicamenteux. La confiance est perdue. L'agriculteur est injustement voué aux gémonies, lui qui n'est que le bouc émissaire d'un système qu'il subit.

La conclusion semble s'imposer : puisque notre agriculture pose plus de problèmes qu'elle n'en résout, il est urgent de changer de cap et de revenir à davantage de raison. Trop simple. Si tout le monde s'accorde sur le constat d'échec, aucun responsable politique ne veut prendre le risque de s'attaquer aux fondements de l'agriculture intensive. On préfère continuer à pomper, ou plutôt à creuser la tombe des agriculteurs, et la nôtre avec.

Un constat excessif ? Non, simplement lucide. Il suffit de prendre le temps de regarder autour de soi. Prenons l'exemple du porc. J'ai choisi de le développer dans cet ouvrage car il est symptomatique de tous les excès de l'élevage industriel. Dans le porc, comme dans la volaille, les tenants d'une agriculture intensive ont choisi de « rendre productif » l'animal de rente. Il a donc fallu se débarrasser de tous les élevages à taille humaine, jugés trop passéistes. On a préféré concentrer les animaux au sein de bâtiments high-tech qui ont coûté les yeux de la tête aux éleveurs. Aujourd'hui, ces derniers sont incapables de rembourser leurs emprunts. Pour s'en sortir, ils cherchent à produire toujours plus, dans le fol espoir de gagner plus. Mais les lois du marché sont ainsi faites que plus l'offre est importante, plus les prix sont bas. La quantité ne paie pas, la qualité si. Cependant, de cette dernière, les éleveurs de porcs se sont progressivement éloignés. Comme les porcs ont été parqués dans des espaces exigus et qu'ils échangent miasmes et maladies en tout genre, ils passent leur vie sous perfusion d'antibiotiques. C'est un fait, l'élevage concentrationnaire ne tient pas sans béquille médicamenteuse.

Enfin, comme il fallait tasser des animaux toujours plus nombreux dans des espaces toujours plus restreints, on a rationalisé l'élevage. En d'autres termes, on a essayé de standardiser le vivant. Sans pressentir qu'il finit toujours par se rebeller quand on cherche trop à le contraindre.

Tout a commencé quand de savants agronomes ont décidé de jeter la paille aux orties, le fumier aux oubliettes, et de mettre à l'honneur le caillebotis. Grâce à ce grillage sur lequel les animaux s'agglutinent, leurs déjections glissent sous eux. Non seulement la bête vit confinée dans d'atroces odeurs d'ammoniac et d'excréments, mais ce mélange douteux, baptisé lisier, est une véritable plaie pour l'environnement. Que faire ? Revenir à des élevages à taille humaine, sur paille, et tuer dans l'œuf le problème posé par le lisier ? Vous n'y pensez pas ! Shadok un jour, Shadok toujours. Les politiques ont, au contraire, encouragé et subventionné les élevages pour qu'ils s'agrandissent davantage encore. Insensé ? Pas dans une logique de l'absurde. Pour les pouvoirs publics, il était hors de question de revenir en arrière, mais il fallait effectivement venir à bout de ce problème de lisier. Un chercheur fou a alors eu l'idée géniale de créer des stations de retraitement des excréments. Mais celles-ci nécessitaient des investissements colossaux. Il fallait donc les adosser à des élevages gigantesques. Au final, pour résoudre le problème posé par le lisier, on a agrandi les élevages et aggravé la situation. Pollution de l'eau et algues vertes sont devenus le lot quotidien de la région Bretagne.

De plus, comme on a éloigné les bêtes des prairies pour les concentrer dans des élevages hors sol, il a fallu trouver un moyen astucieux et peu onéreux de les nourrir toute l'année : le maïs. On avait simplement omis un petit détail : le maïs consomme une quantité d'eau astronomique. Pourquoi en a-t-on planté partout, alors ? Et surtout, comment se fait-il que les agriculteurs le trouvent si rentable ? Parce qu'il l'est, à partir du moment où ce ne sont pas les paysans qui paient la facture d'eau, mais nous, pauvres consommateurs. On paie notre nourriture et la facture d'eau nécessaire à sa production. Ce n'est pas tout. Le maïs ne va pas sans soja. Cette dépendance expose les revenus de nos agriculteurs aux aléas des marchés mondialisés et ruine les petits paysans du bout du monde, contraints de produire pour nos bêtes plutôt que pour nourrir leurs familles. Le régime maïs-soja que l'on sert à nos animaux de rente est truffé d'oméga 6 et manque cruellement d'oméga 3. Or ce déséquilibre est cause d'obésité et favorise cancers et maladies cardio-vasculaires. Après la facture alimentaire et écologique, le consommateur paie donc, au prix fort, la facture santé.

De la pomme aux tomates, du blé aux pommes de terre, tous les secteurs de l'agriculture, tout ce qui compose notre assiette est produit en dépit du bon sens. Au final, un agriculteur exsangue et désespéré, un consommateur suspicieux à raison, et une facture sociale, environnementale et de santé publique astronomique.

Dans cet essai, j'ai voulu mettre au jour l'absurdité du système, en remontant de la fourche à la fourchette, du cours d'eau pollué jusqu'aux cancers environnementaux provoqués par les pesticides, des animaux trop traités jusqu'à l'antibiorésistance. Il me paraissait crucial de démonter ces rouages fous qui nous ont poussés à faire continuellement les mauvais choix. Autant de décisions aujourd'hui lourdes de conséquences.

Pourtant, il n'était pas question de se contenter de brosser un tableau alarmiste de notre agriculture. Bien que la gravité de la situation actuelle ne puisse être minimisée, des solutions existent. Elles sont simples et frappées au coin du bon sens. Il suffit de tendre l'oreille et de savoir écouter. N'entendez-vous pas le murmure de nos anciens ? Ceux qui connaissaient le monde d'avant son délire productiviste ? Ceux qui, chercheurs, agriculteurs et médecins, travaillent aujourd'hui d'arrache-pied à remettre les champs dans les sillons du bon sens paysan ?

CHAPITRE 1

# Sale temps pour le cochon

« L'élevage porcin, c'est l'industrie lourde de l'agriculture », se félicite Patrice Drillet, vice-président de la Cooperl Arc Atlantique. Cette coopérative abat plus de 5 200 000 porcs par an, soit 20 % de la production porcine française à elle seule. Chaque semaine, ses trois abattoirs tuent 100 000 porcs. Un toutes les six secondes. Un vrai travail à la chaîne qui ne souffre ni sentiment, ni perte de temps[1].

1. Un mot sur les coopératives, qu'on retrouvera tout au long de cette enquête. La taille gigantesque de celle-ci peut surprendre par rapport à l'idée qu'on en avait quand elles ont été créées. Tout partait pourtant d'un bon sentiment : mutualiser les moyens de production, de transformation et de commercialisation pour peser plus lourd dans la balance et s'affirmer face aux acheteurs en gros comme aux industriels. Les agriculteurs semblaient avoir trouvé la voie du capitalisme solidaire, exempt de toute spéculation

En quarante ans, la France, pas peu fière de ses cochons, a su employer les grands moyens pour industrialiser ses élevages. Et qu'importe si, au passage, on a divisé par 50 le nombre d'exploitations agricoles – de 795 000 en 1968 à 15 000 aujourd'hui – tout en multipliant par deux le cheptel. Mais, à entendre les paysans convaincus, il fallait en passer par là et consentir à cette inévitable casse pour quitter l'univers archaïque de l'élevage en plein air. Finis les temps heureux où les cochons avaient encore l'heur de déambuler à leur guise dans les cours des fermes. Ces clichés appartiennent désormais à un monde dépassé, désuet et charmant. L'avenir du porc, lui, était tout tracé. Les agronomes en avaient dessiné les contours. Le porc et ses éleveurs devaient entrer de gré ou de force dans l'ère de la

---

économique. Las, le système s'est dévoyé car la grenouille coopérative a voulu se faire aussi grosse que le bœuf industriel. Les coopératives représentent aujourd'hui 40 % de l'agroalimentaire français, pèsent 82,4 milliards d'euros de chiffre d'affaires, dont les trois quarts réalisés par 10 % seulement d'entre elles. En 2009, InVivo, le leader français, pesait ainsi 5,1 milliards d'euros. Autant dire que les grands principes ont été relégués aux oubliettes. Mais les coopératives ne peuvent faire l'objet d'une OPA (offre publique d'achat) et ne sont pas délocalisables, objecteront leurs défenseurs. Certes. Mais les 1 700 filiales qui dépendent d'elles le sont. Les coopératives agricoles sont parvenues à ce paradoxe : nées grâce à l'argent des paysans, elles sont devenues leur pire ennemi.

modernité. S'adapter ou mourir. Survivre, tout simplement.

Une uniformisation s'imposait. Aux oubliettes, les dizaines de races rustiques qui existaient encore au lendemain de la Seconde Guerre mondiale. Les généticiens ne veulent plus voir qu'une seule tête. Ou plutôt quatre : Landrace, Piétrain, Duroc et le fameux Large White. Ce dernier est issu de croisements entre des porcs blancs du Yorkshire et des races chinoises qui, dixit le *Nouveau Larousse agricole*, édition 1952, « ont été choisies pour la finesse de leur squelette [elles font plus de viande que d'os] et pour leur aptitude à un engraissement rapide » ; « les bêtes reçurent au fil des ans des doses croissantes de sang asiatique ». Les races chinoises sont surtout célèbres pour donner des truies hyperprolifiques.

Blanc de l'Ouest, cul noir du Limousin, basque, cochon de Bayeux, gascon, Nustrale sont les seuls rescapés de cet eugénisme industriel. « Mais tous réunis, ils ne représentent pas plus de 0,2 % de l'ensemble du cheptel de truies et epsilon des porcs produits[1] », rappelle Jocelyne Porcher, chercheur à l'INRA (Institut national de la recherche agronomique) et auteur de *Cochons d'or*[2]. En 1952, le *Larousse agricole* consacrait

1. Entretien avec l'auteur, été 2010.

2. Jocelyne Porcher, *Cochons d'or. L'industrie porcine en question*, Éditions Quae, 2010.

encore des pages entières à décrire les races boulonnaise, normande, celtique, bressane, de Bourdeaux, la race d'Aubagne ou encore celle de Loches et de Montmorillon. Bref, chaque région, voire chaque commune, avait ses propres races, adaptées aux terroirs et à la nourriture que ces contrées pouvaient leur offrir. Tout n'était pas encore contrôlé par les quelques laboratoires de génétique qui répartissent aujourd'hui les mêmes bêtes sur tout l'Hexagone et dans le monde entier. Pen Ar Lan, l'un des cadors du milieu, se vante ainsi d'avoir commercialisé plus de 235 000 truies Naïma dans le monde en 2006. France Hybrides a exporté quelque 180 000 de ses truies Galaxy dans vingt-deux pays différents… Et les descriptions chaleureuses du *Larousse agricole* des années 1950 sont bien loin des préoccupations de nos généticiens. À quoi bon s'attarder sur le type celtique de la race de Bayeux, sur les oreilles horizontales de la race bressane, ou s'esbaudir devant les attributs de bons marcheurs des porcs gascons ? Aujourd'hui, ce sont des « produits » appartenant à une « gamme ». Préoccupation numéro un pour le verrat : la vitesse de croissance ; numéro deux : le muscle ; numéro trois : sa consommation de nourriture. Moins il mange, plus il grossit et mieux c'est. La petite bête est certes un tantinet fragile. Mais qu'importe, grâce au génie génétique de Pen Ar Lan, le Pietrain new wave est « 100 % résistant au stress » (la publicité vante « les qualités du Pietrain, sans le stress »). Et pourquoi ce soudain désir de fournir des bêtes « indemnes du gène de sensibilité au stress » ? Parce que ce gène, appelé RN, « génère des viandes acides à 24 heures post mortem et des bas rendements à la cuisson ». Le verrat P 76, lui, est « “économique” par excellence, fait pour produire au moindre coût ». Son petit frère, Maxter 16 de chez France Hybrides, promet un « rendement exceptionnel » – « priorité au muscle » –, que la bête croupisse sur caillebotis ou sur paille, qu'elle mange à volonté ou qu'elle soit rationnée. Maxter 16, quoi que tu lui fasses et quoi que tu lui donnes à manger, il gonfle à vue d'œil ! Tout comme son cousin Musclor, de chez Gene Plus.

Que dire de la belle et douce Naïma de chez Pen Ar Lan ? « Chinoise par ses qualités maternelles, européenne par ses qualités de carcasse. » Son prénom est même encadré d'une calligraphie chinoise... Et qu'importe si Naïma est un prénom arabe signifiant « douceur du paradis » et formé à partir de l'adjectif *na'îm*, « heureux ». Heureuse, Naïma ne doit pourtant pas l'être tant que ça, malgré son « instinct maternel particulièrement développé ». Qu'est-ce que l'instinct maternel d'une truie ? Le style est lapidaire : « Une prolificité exceptionnelle, et ce grâce aux qualités utérines des races chinoises associées à l'importante ponte ovulaire des races hyperprolifiques européennes.

Des venues en chaleur très marquées, un ISSF court [intervalle de sevrage de saillie de fécondation, soit l'intervalle entre le sevrage des porcelets et la nouvelle saillie fécondante – ici de 6 jours au plus]. Mises bas rapides [il ne manquerait plus qu'elles traînent, ces fainéantes…], excellente production laitière, très bonne qualité des tétines ; ajouté à ceci, de bons aplombs. » Bref, elle tient debout, elle fait une vingtaine de marmots par portée, qu'elle éjecte en un temps record : voilà une bonne mère ! Chaque année, ces supertruies sont récompensées au Space – le Salon international de l'élevage qui se tient à Rennes – par le célèbre Cochon d'or. Cette année, la cérémonie était animée par l'ex-Miss France Élodie Gossuin… La jolie reine de beauté a embrassé à bouche que veux-tu les trois éleveurs comptant dans leur porcherie des truies capables de sevrer 32,1 porcelets…

Bien entendu, qui dit modernisme dit gigantisme. La taille moyenne des exploitations a été multipliée par 70 en quarante ans. Dans les fermes d'antan, on se félicitait de compter 12 ou 13 porcs. Aujourd'hui, à moins de 900 cochons, c'est une exploitation miniature. Trois mille élevages concentrent plus de la moitié du cheptel de France. En haut du podium, vainqueur toutes catégories, la Bretagne, qui détient le sinistre record d'élever plus de la moitié des porcs de l'Hexagone. En Armorique, il y a trois fois plus de porcs que de Bretons…

Toujours plus de cochons sur des espaces toujours plus réduits. Pour mettre en place ce système, il a fallu rationaliser l'élevage. Un doux euphémisme : on a retiré les cochons de leurs cours, sans doute un peu rustiques mais dans lesquelles ils étaient libres de leurs mouvements, pour les entasser dans d'immenses bâtiments borgnes, éclairés par la seule lueur des néons. Dans son édition de 1952, le *Larousse agricole* élevait pourtant au rang de première condition à la réussite de l'élevage le fait que « les animaux vivent le plus possible à la lumière dans des enclos bien ensoleillés »…

Plus de paille, mais des caillebotis sur lesquels les bêtes s'esquintent les pattes. Dommage collatéral de l'élevage industriel. Les petites lattes de bois ou, mieux encore, de plastique doivent en effet être suffisamment espacées pour permettre aux déjections des porcs de s'y faufiler. D'ailleurs, à peine entré dans l'un de ces bâtiments, une odeur nauséabonde vous assaille. La poussière, lourde, s'infiltre dans vos narines et semble tapisser votre gorge[1]. Sous vos pieds flottent des kilos et des kilos de merde de porc, baignant dans des litres d'urine. Un bruit assourdissant, un ronronnement

1. Selon de récentes études canadiennes, 90 % des poussières des porcheries pénètrent dans les poumons, provoquant asthme et autres pathologies respiratoires chez les éleveurs.

perpétuel, scande vos pas. C'est la ventilation. L'air de ces bâtiments est filtré en permanence pour tenter de réduire l'un des principaux fléaux de ces élevages hors sol : les maladies respiratoires, qui représentent la moitié des pathologies frappant les porcs industriels. Elles sont dues à l'air confiné, un air chargé d'ammoniac, de fermentation d'excréments et de squames de peau causés par les frottements des bêtes les unes contre les autres. Étant donné la concentration des animaux, sans cette ventilation les porcs mourraient en quelques heures. D'ailleurs, tous les gros élevages sont munis d'un groupe électrogène en cas de panne électrique... Les assureurs refusent de couvrir les élevages qui en seraient dépourvus. Autre option indispensable : le dépannage 24 heures sur 24.

L'air est d'autant plus irrespirable que la température est élevée. Pourquoi cette chaleur étouffante ? Pour que les bêtes ne dépensent pas sottement leur énergie à se réchauffer plutôt qu'à grossir à la vitesse de l'éclair. Et, surtout, pour qu'elles ne fassent pas de gras. Le porc moderne se doit d'être maigre. En dix ans, il a perdu plus d'un centimètre de graisse afin de satisfaire aux exigences diététiques des consommateurs. S'il vendait des carcasses trop grasses, l'éleveur serait pénalisé financièrement : le prix de la viande dépend de son épaisseur de gras. Le porc n'a donc qu'à s'accommoder de vivre dans cette atmosphère confinée. Et sans jamais voir la lumière du jour : il vit dans le noir. Les néons ne sont allumés que lorsque l'éleveur débarque pour lui administrer des médicaments ou pour s'assurer que la machine à soupe (c'est-à-dire l'ensemble des tuyauteries qui parcourent les bâtiments) a bien desservi à heure dite et à chacun sa ration de nourriture.

Malgré l'obscurité imposée aux bêtes, l'élevage hors sol engendre une débauche de dépenses énergétiques. D'après les chiffres fournis par l'IFIP (Institut du porc) à l'Ademe (Agence de l'environnement et de la maîtrise de l'énergie), chauffage et ventilation constituent 85 ou 86 % de la consommation totale d'électricité d'un élevage industriel. Bien sûr, plus les élevages sont importants, plus la consommation énergétique l'est aussi. Qui dit gigantisme dit mécanisation à outrance. Machine à soupe, distributeurs de croquettes et d'eau, tout est automatisé. Et plus l'élevage est vieux, plus il est gourmand en énergie. Or la majorité des élevages porcins bretons ont dans les dix-huit ans bien tassés. Ils consomment environ 1 171 kilowatts-heure par truie et par an. Soit quasiment le double de la consommation électrique moyenne d'un Albanais ou d'un Indien, six fois et demie celle d'un Ivoirien et l'équivalent de celle d'un Cubain…

## *Une vraie vie de cochon*

Charlotte sur la tête, combinaison intégrale, protège-chaussures : c'est ainsi déguisée que je commence ma visite de l'une des plus grandes porcheries industrielles de France. « C'est l'entrée des artistes[1] », s'enthousiasme son propriétaire, Michel Poirier. Impossible de pénétrer dans le « saint des saints », la verraterie, sans avoir pris un maximum de précautions sanitaires. L'éleveur est formel : la sélection génétique a rendu ses bêtes extrêmement fragiles. D'ailleurs, elles arrivent ici dans des camions où l'air est filtré pour s'assurer qu'elles ne seront confrontées à aucun microbe extérieur. Michel Poirier parle de ces monstres de 400 kilos avec tendresse. Il aime à les appeler ses « bodybuilders porcins ». Tout en muscles, carrossés comme des formule 1, de « véritables athlètes de haut niveau ». Poussant à la vitesse de l'éclair. D'ailleurs, ce ne sont plus des bêtes, mais des jambons sur pattes. « Grâce aux croisements génétiques, le jambon est plus développé, la longe qui permet de faire les carrés, les côtes, l'échine et le filet mignon aussi… Par contre, les organes vitaux ont été sacrifiés », regrette l'éleveur. Fra-

1. Sauf indications contraires, les citations qui suivent sont tirées de l'entretien de l'auteur avec cet éleveur à Ampoigné (Mayenne), automne 2009.

gile verrat à qui l'on interdit toute romance. Finie, pour lui, la saillie de la truie. Son petit cœur n'y résisterait pas. Il devra se contenter des douces mains du porcher. Ce dernier le fait monter sur une petite bascule. Option main droite ou main gauche suivant que le porcher est droitier ou gaucher.

Toutes les trois semaines, la précieuse semence est ainsi prélevée, tamisée, réfrigérée et enfin répartie en petites doses nécessaires à l'insémination des truies. C'est toujours le même porcher qui s'en charge. Les bêtes sont habituées à lui. « Je recueille l'éjaculat dans un gobelet isotherme, c'est comme du tapioca, explique-t-il. Mais il ne faut pas traîner : une fois le sperme prélevé, je le tends par le passe-plat, et aussitôt il est réceptionné par un de mes collègues qui se charge de le réfrigérer et de le doser pour chaque truie. »

Cependant, la douce main du porcher pourrait bientôt laisser place à une magnifique vaginette isotherme en silicone reliée à une trayeuse à sperme électronique. Son nom ? Collectis. « Deux fois plus efficace qu'une récolte manuelle. » « Collectis ne vous fera pas faux bond, ne demandera pas d'augmentation, ne sera pas en retard et n'aura pas besoin de vacances. » *Porc Magazine* l'a testée pour nous dans son numéro de mai 2010. « Kit collect, prélever sans les mains ! » Que nous faut-il donc ? Une truie mannequin galvanisée (autant dire une poupée gonflable pour verrat). Un vagin artificiel doté d'un embout en plastique pour pomper la « pauvre » bête. Puis tout se passe très vite. Le porcher « vide la poche d'urine du prépuce, saisit la verge du verrat. Une fois la verge introduite dans le vagin, le vagin est maintenu par une pince équipée d'un ressort qui assure une pression continue ». Qu'en termes châtiés les joies de la standardisation du sexe du cochon sont décrites !

« Mais vous savez, moi, je préfère la vie du verrat à celle du cochon souffleur, s'anime le chef porcher. Lui, on ne s'en sert que pour savoir quelles truies sont en chaleur. Il faut le voir souffler, souffler au cul des truies. Pauvre bête. Et hop, une fois qu'on a repéré et marqué les truies à inséminer, on le remet dans sa case ! » Et il ajoute, hilare : « Et lui, c'est pas comme le verrat, personne ne viendra le masturber ! » On n'avait effectivement aucune idée du drame que vivait quotidiennement le pauvre cochon souffleur. Frustré sexuellement pour le plus grand bien de l'édifice porcin industriel. Mais attention à ne pas le dénigrer trop rapidement : le cochon souffleur se professionnalise aussi grâce à Prestor[1]. Comme le rappelle justement le numéro de septembre 2010

1. Groupement de huit cents éleveurs de porcs situés sur les cinq départements bretons : Côtes-d'Armor, Finistère, Ille-et-Vilaine, Loire-Atlantique et Morbihan.

de l'excellent *Porc Magazine*, « pas facile de détecter le moment précis des chaleurs quand les truies sont entravées ». Le mieux, c'est donc de lui mettre un verrat sous le nez. D'accord, mais le verrat est gros, on ne le manipule pas aisément, et il a la libido dans les chaussettes puisque, souligne très pudiquement le même magazine, « la monte lui est refusée ». Bref, ce verrat souffleur, un peu pataud, pas très propre, pas facile à manœuvrer, c'était finalement un amateur de la fesse. Il était donc urgent de professionnaliser tout cela. Et de créer l'animal « formaté pour détecter les chaleurs sans jamais saillir la truie ». Tout un programme…

Heureusement, Duochan est arrivé ! « Un animal de sang chinois à la sexualité très précoce et très affirmée. » En plus, le porc chinois est plus petit et donc beaucoup plus maniable. Grâce au génie de la génétique, le professionnel souffleur est enfin né. Mais attention, pas question de risquer de disséminer tous les bons gènes de ce nain lubrique au travers des élevages. Duochan est donc vasectomisé. Après les semences hybrides et OGM qu'il est impossible de ressemer dans les champs et qu'il faut racheter chaque année, voici le verrat stérile. Certes, c'est *le* professionnel de la détection des truies en chaleur, mais son usage oblige l'éleveur à acheter les petites pochettes de sperme aux généticiens. Récapitulons les us et coutumes de ce business juteux : les généticiens vendent le verrat stérile 100 euros de plus qu'un verrat souffleur entier, 70 euros seulement de moins qu'un reproducteur, et refourguent, en plus, les poches de sperme qui rendent l'éleveur dépendant des labos. Magique.

Le progrès va beaucoup plus vite encore que le cochon souffleur. La société québécoise Ro-Main propose sur son site une vidéo de démonstration du merveilleux Contact-O-Max. Zoom sur des porcelets tétant goulûment leur mère. Puis focus sur un grand drap blanc qui dissimule une invention que l'on pressent fantastique. Suspense. La machine est enfin dévoilée. Celle qui va permettre à l'industrie porcine d'envisager des naissances plus nombreuses, à un rythme plus élevé. Comment ? Grâce à une petite prison ambulante dans laquelle on fait entrer le verrat. La pauvre bête parvient difficilement à glisser son groin entre les barreaux et tente vaille que vaille de le frotter à celui des truies, elles aussi emprisonnées. Mais c'est justement « ce contact nez à nez, groin à groin, qui est déterminant », s'emballe le démonstrateur. La salive du verrat est en effet truffée de phéromones. De plus, le fait qu'il puisse passer son petit groin entre les barreaux et frôler celui de chacune des truies emprisonnées permet un « contact individualisé qui renforcera leur venue en chaleur ». L'affaire est rondement menée. Depuis sa papomobile à barreaux, le verrat distribue les coups de langue et les coups de groin à ses amoureuses figées dans leurs cages. Puis débarque une vaillante jeune femme. Elle pose une selle sur le dos de la truie, la frotte, et enfin la chevauche comme s'il s'agissait d'un cheval. Qu'on se le dise. Le seul qui fasse encore du sport dans la reproduction porcine, c'est le porcher, devenu chevaucheur en chef de la truie en mal d'amour. Mais ne moquons pas ces préliminaires, nécessaires pour introduire la sonde dans le vagin de la truie. Ou plutôt les sondes, puisqu'il y en a, ici aussi, pour tous les goûts : Kobi mousse, « une forme arrondie qui facilite l'introduction » ; Kobi spirale, « pour une bonne stimulation de l'animal » ; Kobi soft, « très grande facilité de pose sans lubrification ».

Cependant, tout cela était encore un peu aléatoire, alors l'entreprise Ro-Main a mis au point, pour le dernier Space, Pig Watch. Ce super-schmilblick technologique, grâce à un système hyperperfectionné de capteurs de comportements reliés à un ordinateur dernier cri, permet de détecter à l'heure près le meilleur moment pour inséminer la truie ! Le film publicitaire qui vante la machine offre une démonstration limpide. « La détection des chaleurs est laborieuse et coûteuse en énergie [l'employé sue], en argent [des liasses de billets s'envolent] et en temps, notamment en fin de semaine et l'été, quand les salariés expérimentés sont en vacances » – car repérer les chaleurs n'est pas un travail de novice. De fait, multiplier sottement les doses de sperme fait perdre temps et argent à l'édifice porcin. Il était donc plus qu'urgent de mettre fin à cette gabegie ainsi qu'à la trop forte dépendance vis-à-vis d'employés bien évidemment caractériels. Car, dixit la publicité, vivre avec Pig Watch, « c'est l'assurance d'avoir un employé expérimenté derrière chaque truie, jour et nuit, 365 jours par année ». Bien entendu, l'utilisation de Pig Watch est enfantine. Quand la lumière verte clignote au-dessus de la truie, hop, on l'insémine ! Une seule dose de sperme suffit. Terminé, les truies qui revenaient vides. Aux oubliettes, les petites portées. Grâce à Pig Watch, la truie sera toujours pleine, et elle fera toujours plus de petits gorets. Cerise sur le gâteau, tout se gère désormais par Internet ou par un simple SMS…

Vous l'aurez compris : le temps béni où, comme l'écrivait chastement Geneviève Léry, rédactrice de l'entrée porcine de l'édition de 1952 du *Larousse agricole*, « un verrat pouvait servir jusqu'à 40 truies » est révolu depuis belle lurette. Pourtant, dans l'édition de 1981 du même ouvrage, il est clairement spécifié que l'insémination artificielle est encore l'exception (seules 5 % des truies étaient alors ainsi fécondées) ; aujourd'hui, elle est devenue la norme.

L'appareil génital des porcs concentre désormais toute l'attention des éleveurs. Un bon porcher reconnaît sa truie à son arrière-train. L'animal est ainsi réduit à ses deux attributs fondamentaux : son numéro de matricule et son sexe. « Les vulves, je les ai presque toutes en tête. Surtout celles qui vont venir en chaleur. Le lendemain, je vois la vulve qui a évolué et je la reconnais. Pas la truie, sa vulve[1] », explique un employé.

Si la vulve des truies intéresse tant les porchers, c'est qu'elle symbolise l'incroyable prolificité des bêtes. En quarante ans, le nombre de porcelets mis bas chaque année par truie a doublé, passant de 16 dans les années 1970 à 30 aujourd'hui. Et, pour fabriquer ces 15 porcelets de plus, la perte de temps n'est plus de mise, il faut réduire les cycles au minimum. Un miracle technologique rendu possible par les indispensables hormones. Hors de question d'attendre que dame Nature fasse son œuvre et que les bêtes tombent toutes seules en chaleur. Imaginez, un décalage d'un ou deux jours entre les truies, et c'est tout ce bel édifice standardisé qui est menacé. Les femelles doivent être d'attaque le même jour. C'est désormais possible grâce à une injection de Fertipig et de ses gonadotropines vantées à longueur de pages du savoureux *Porc Magazine*. Le porcher glisse ensuite la sonde d'insémination, rebaptisée d'« auto-insémination » – comme si la truie se chargeait elle-même de cette affaire à

1. Cité par Jocelyne Porcher, *Cochons d'or*, *op. cit.*, p. 138

l'aide de ses petites pattes. La fameuse sonde Gédis promet, d'après la plaquette publicitaire, une insémination « qui dure qui dure qui dure... Encapsulés dans un composé gélatineux 100 % naturel, les spermatozoïdes contenus dans la semence sont diffusés progressivement[1] ». La bête est entravée pendant trois jours afin qu'elle ne bouge pas trop et que l'insémination soit le plus efficace possible. Vingt-trois jours plus tard, elle est échographiée. « La truie a plutôt intérêt à être pleine, explique doctement le chef porcher, sinon, c'est rillettes ! » – autrement dit, l'abattoir.

Trois mois, trois semaines et trois jours plus tard, les porcelets naissent. Tous le même jour ? Oui, par le miracle des injections d'œstrogènes. Ainsi que des piqûres d'ocytocine grâce auxquelles les contractions et les montées de lait se déclenchent comme par magie. Pour ne pas freiner la cadence, on leur donne une bonne dose de spasmolytique et de vasoconstricteur. Mais cela ne dispense pas de la fouille. Car, désormais, les portées comptent 18 à 19 porcelets, et il est impossible d'attendre que le dernier sorte naturellement. Il serait alors mort-né. C'est en tout cas ce dont se persuadent les techniciens qui fouillent dans l'utérus de la truie pour en extraire les porcelets, rebaptisés pour l'occasion « minerai »...

---

1. *Porc Magazine*, octobre 2009.

« On est dans un système où l'on n'a même plus le temps d'attendre que la truie ait mis bas ses porcelets », regrette Jocelyne Porcher, qui déplore aussi l'aporie dans laquelle se trouvent les éleveurs : « Ils doivent prendre en compte le caractère sensible des animaux tout en usant d'eux comme de choses industrielles. » Deux injonctions absolument incompatibles pour la sociologue, mais nécessaires au bon fonctionnement de ce marché international sans âme où « se vendent et s'achètent indifféremment du sperme, des embryons, des animaux, des tonnages de viande ou de minerai ».

Dix-neuf porcelets ? Mais une truie n'a que dix tétines ! Bienheureusement, le génie génétique est passé par là, et la femelle en aligne fièrement entre 14 et 16… Bien entendu, aucune de ces précieuses mamelles ne doit être perdue. Pour être certain qu'elles soient toutes occupées par des porcelets affamés, mieux vaut parier sur dix-neuf petits gorets mis au monde par des truies superprolifiques et chargées jusqu'aux yeux. Car la modernité ne va pas sans casse. Et le nombre de porcelets malformés, momifiés, n'a fait qu'augmenter ces dernières années. Les éleveurs avouent jusqu'à 8 % de pertes à la naissance. Traduire 15 %[1].

---

1. C'est le chiffre qu'avancent, sous couvert d'anonymat, nombre de chercheurs travaillant sur ce thème.

Et pour les petits veinards qui auront survécu et dont la mère n'aura pas de tétine libre ? Qu'importe, on « allote » les porcelets ! On les arrache dès leur plus jeune âge à leur mère et on répartit joyeusement le minerai – pardon, les porcelets – sur les tétines laissées vacantes par des truies insuffisamment prolifiques.

Pour s'assurer que les précieuses tétines ne s'infectent pas, on donne préventivement aux truies une bonne dose d'antibiotiques et d'anti-inflammatoires. Pas de temps à perdre avec des mammites (inflammations des mamelles), le cochon doit être sevré en vingt et un jours. La petite bête a plutôt intérêt à être coriace ! Il y a quarante ans encore, le porcelet aurait été allaité pendant un mois de plus. Mais la truie doit tenir la cadence, fabriquer à nouveau du minerai. Et ce pas plus tard que six jours après le sevrage. Finis les jours heureux où l'on se donnait le temps d'attendre trois semaines avant la prochaine saillie fécondante. D'ailleurs, les résultats sont là. En quinze ans, notre forçat de la maternité, notre vaillante ouvrière porcine, fournit chaque année 300 kilos de minerai en plus. Une vraie usine à viande. En 1911, Raoul Gouin, ingénieur agronome, relevait le cas exceptionnel d'une truie ayant mis bas 80 porcelets en cinq ans[1]… Aujourd'hui, il ne lui

1. Raoul Gouin, *Alimentation rationnelle des animaux domestiques*, Librairie J.-B. Baillière et Fils, 1911, p. 25-26.

faudrait pas plus de deux ans et demi pour atteindre ce chiffre faramineux. De toute façon, des truies de 5 ans, cela n'existe plus. À cet âge-là, les pauvres bêtes, épuisées, ont été envoyées depuis longtemps (trois ans environ) à l'abattoir !

Il faut avouer que la truie ne chôme pas. Gestation, mise bas, allaitement, elle enchaîne les portées. Durant l'allaitement, elle est maintenue allongée dans des cages où elle n'a d'autre occupation que de lécher ses barreaux à longueur de journée. Les experts craignent d'ailleurs que sa viande ne se charge de métaux lourds. Mais, au fait, pourquoi cet atroce emprisonnement, dramatique en termes éthiques et sanitaires ? La justification des industriels est claire comme de l'eau de roche. C'est pour que cette satanée truie n'écrase pas ses petits. Car, voyez-vous, la truie n'a pas d'instinct maternel. Épuisée par ses mises bas à répétition, elle ne prête pas suffisamment d'attention aux vingt porcelets qu'on lui aura arrachés alors qu'ils étaient encore dans son ventre. Autant dire qu'elle n'a que ce qu'elle mérite. « Pour la truie qui écrase ses petits, il n'y a pas de prochain tour ! » commente Jocelyne Porcher. Elle est donc réduite à ses tétines et à son rôle imposé de mère nourricière. Elle ne peut faire qu'une seule chose : s'allonger sur le flanc pour tendre ses tétines à des petits – qui ne sont pas forcément les siens mais sont très certainement voraces.

Le seul intérêt de la truie est de faire des porcelets. Donc il faut les extraire à tout prix, au mieux en fouillant la bête. Au pire, si elle donne des signes de faiblesse, en pratiquant une césarienne. Mais pas de celles où l'on vous anesthésie et où vous vous réveillez groggy avec une cicatrice douloureuse. Non, ça c'est bon pour les humains. Là, on lui file un bon coup de masse sur la tête pour qu'elle soit assommée mais pas crevée, et on l'ouvre en deux, à vif, pour récupérer le minerai.

Pendant la grossesse, c'est la matrice qui compte. Durant l'allaitement, ce sont les tétines. Il faut donc les préserver coûte que coûte. Du coup, à peine le petit porcelet a-t-il mis une patte à terre qu'on lui meule les dents. « Vous aimeriez, vous, qu'on vous pince les seins toute la journée ? » s'emporte un chef porcher, soudain véhément. C'est vrai que le reste de la vie d'une truie est tellement folichon qu'on n'a aucun mal à croire que le bien-être de l'animal soit la priorité première des éleveurs… En revanche, la rentabilité des tétines, oui. Et une bête qui multiplie les mammites, ce n'est pas bon. Déjà qu'elle passe sa vie à faire des cystites : 10 % des maladies des élevages industriels – inévitables quand on sait que leurs vulves, ouvertes, baignent à longueur de journée dans leurs excréments…

Le meulage des dents, c'est donc la première étape des soins aux porcelets. Mais en quoi exactement consistent ces soins ? « Meulage de dents, coupage de queue, castration », selon notre éleveur, le tout à vif, bien sûr. On navigue ici dans un univers devenu tellement absurde qu'il est obligé de camoufler derrière des euphémismes à connotations positives des actions qui relèvent quasiment de la barbarie. Le lieu où les truies sont retenues en contention pour ne pas écraser leurs petits est ainsi appelé « maternité ». Et les truies ne sont pas sélectionnées pour leurs seules mamelles et leur hyperprolificité, mais pour leurs « qualités maternelles ». Bref, une bonne mère, pour les porchers, c'est une truie qui met bas une vingtaine de porcelets sans broncher et qui a 18 tétines, de préférence.

Revenons sur la castration pratiquée sur les porcelets de quelques jours. Quel est son but ? « Éviter que la viande n'ait un goût de pisse », assène, sûr de lui, le responsable de la maternité. Les salles regroupent une trentaine de truies. Chacune d'entre elles a une quinzaine de petits. Deux responsables sont donc chargés de castrer entre 300 et 450 porcelets en l'espace de deux à trois heures maximum. Pas le temps de faire du sentiment. On attrape le porcelet par la patte arrière, on le pose entre ses jambes, on le castre, il hurle, on le remet en place. Là encore, les actions sont entièrement standardisées. On coupe des testicules comme on scie des écrous.

« Par contre, réaliser ces actes mécaniques, c'est une perte de temps sèche pour la profession », résume, lucide, Jocelyne Porcher. Du coup, l'industrie porcine réfléchit de plus en plus à la solution « immunocastration », déjà largement pratiquée en Belgique. Il s'agit d'un vaccin qui permet de « neutraliser » la fabrication d'hormones mâles chez le porc. Terminés, testostérone, stéroïdes, andostérone et scatole, responsables de l'odeur caractéristique du verrat. Le petit porc est castré sans en avoir l'air, à coups d'hormones de synthèse. C'est tellement beau, comme solution, que l'association GAIA (Groupe d'action dans l'intérêt des animaux), qui milite pour le bien-être animal en Belgique, la soutient avec ferveur. L'industrie porcine a donc réussi l'exploit de faire porter par des associations de défense des animaux cette merveilleuse initiative. Les McDo belges, toujours à l'affût d'un coup de com' et de *greenwashing* à peu de frais, se sont d'ailleurs engagés solennellement à ne plus vendre que de la viande de porc immunocastré. Et, pour les éleveurs, c'est tout bénéfice, puisque, selon le numéro de novembre 2010 de *Porc Magazine*, le porc immunocastré mange moins (25 kilos de moins), grossit plus et fait moins de gras.

Allez, faisons le compte de toutes les bonnes hormones ingurgitées en quantité par la truie et le porcelet. Trop, vraiment ? Pourtant, c'est pour le bien-être de l'animal, et donc le nôtre, que ces hormones finiront dans nos assiettes.

L'immunocastration n'est pas seulement bonne pour le porcelet, elle l'est aussi pour le travailleur. Comme l'explique le Centre belge d'information pharmacothérapeutique, le porcher a plutôt intérêt à bien viser et à ne pas rater le porcelet, car s'il se piquait il y laisserait à coup sûr sa virilité. Une injection, ça va, on risque « seulement » « une diminution temporaire des hormones sexuelles et des fonctions reproductives, aussi bien chez les hommes que chez les femmes, ainsi que des effets indésirables sur la grossesse ». Mais deux injections, bonjour les dégâts : « Ce risque augmente après une seconde injection. On conseille aux personnes ayant été victimes d'une (auto-) injection de ne plus manipuler ce produit ou des produits similaires dans le futur. » On comprend l'enthousiasme de GAIA à soutenir ce genre d'initiatives !

Meulage de dents, castration… Reste le troisième soin prodigué aux porcelets : le coupage de queue. Pourquoi ? Imaginez deux minutes la vie d'un jeune porc en engraissement. Il est enfermé dans une case avec ses congénères. Ils sont si nombreux qu'ils se frôlent tout le temps. Ils sont dans le noir à longueur de journée. Bref, ils s'ennuient ferme. Que faire ? Jouer avec le seul truc un peu marrant qui se balade sous leur groin : la queue de leurs petits camarades ! Donc, pour éviter les bagarres et autres mutilations qui s'ensuivraient, on préfère couper les queues préventivement. Et glisser quelques petits jouets dans les cases, des trucs à mâchouiller, des balles, pour que ces braves petites bêtes aient de quoi se défouler.

Pour les gros verrats de 400 kilos qui peinent à se tenir de tout leur long dans leurs box, pourtant aux normes européennes, et qui cherchent sans arrêt la diagonale pour essayer de prendre un peu de champ, on a pensé à forer des petits trous de 10 à 15 centimètres de diamètre dans leurs cages. Juste à portée de groin. « Ça leur permet de passer leur nez et de voir un peu ce que font les copains », explique notre éleveur. En fait, vu le diamètre du trou, soit ils passent le groin, soit ils glissent un œil, mais ils ne peuvent assurément pas faire les deux en même temps ! « On fait tout ça pour eux, pour qu'ils s'ennuient moins », plaide Michel Poirier.

L'ennui est l'un des fléaux majeurs de l'élevage industriel. Et, pas de bol pour lui, de l'avis même de la directrice de la brigade vétérinaire et phytosanitaire, « le cochon est un animal hypersensible psychologiquement ». À quoi reconnaît-on un porc qui déprime ? À sa propension à vouloir bouffer ses congénères ! « Lorsque les bêtes dépriment, le cannibalisme s'installe », résume, un rien narquois, ce vieux paysan breton qui, à bout de forces, a décidé de lâcher l'élevage porcin il y a quelques années. « Les conditions de claustration sont très éprouvantes et l'alimentation est excessivement riche. Les bêtes devraient pouvoir se dépenser, or elles ne doivent pas bouger pour pousser plus vite. Toutes les conditions sont donc réunies pour que les porcs fassent une dépression. » Et, quoi qu'en disent les industriels, les petits jouets et autres trous dans le mur ne suffisent pas toujours à redonner le moral aux porcs. Du coup, on leur colle une bonne dose d'antidépresseurs. « Des calmants seulement », tempère ce directeur d'un des plus gros services vétérinaires départementaux de Bretagne. « C'est vrai qu'on en donne régulièrement aux porcs. Notamment avant le transport pour l'abattoir, pour les calmer. Certaines molécules sont autorisées sans délai d'attente. » Comprendre : on va consommer la viande juste après, sans même avoir laissé le temps aux molécules de disparaître…

Si encore les calmants étaient les seuls médicaments ingurgités par ces pauvres bêtes ! Elles avalent aussi la moitié des antibiotiques vétérinaires de France : 675 tonnes pour l'année 2008. Pourtant, quand on demande aux éleveurs s'ils traitent encore leurs animaux, ils jurent la main sur le cœur, croix de bois, croix de fer, que tout cela appartient à un passé révolu. Celui, béni, où l'on avait encore le droit de glisser des antibiotiques dans la nourriture pour booster la croissance des porcs. Les activateurs de croissance sont interdits en France depuis 2006. Curieusement, la vente des antibiotiques n'a pas baissé d'un iota – ou si peu – depuis cette date. « Quand il y a des arrêts brutaux de médications, quand on stoppe les activateurs de croissance qui jouent un rôle de stabilisateur digestif, on voit apparaître de façon concomitante une recrudescence de pathologies, souligne Gilles Salvat, directeur du laboratoire de l'Anses (Agence nationale de sécurité sanitaire alimentation, environnement, travail) de Ploufragan. On assiste ainsi à un déplacement de l'additif, qui représente de petits tonnages, vers le curatif, qui, lui, est vendu en quantités plus importantes[1]. » Bref, on n'administre plus de petites doses d'antibio pour faire pousser plus vite les bestiaux, mais de grosses doses pour soigner leurs maux de ventre… et les faire pousser un peu plus vite aussi au passage. Pourtant, à entendre les éleveurs, on ne traite plus du tout, ou si peu. Bon, ils veulent bien concéder quelques injections de-ci, de-là. Des céphalosporines pour les arthrites à streptocoque, des fluoroquinolones pour le traitement des mammites et des métrites après mise bas, des polypeptides (essentiellement la colistine) dans le traitement des colibacilloses de sevrage du porcelet… Mais c'est tout ! Promis, juré, craché ! Ça fait déjà pas mal… Les ventes de fluoroquinolones ont augmenté de 50 % depuis 1999, et celles de céphalosporines ont quasiment doublé sur

1. Entretien avec l'auteur, novembre 2010.

la même période. Quant au niveau d'exposition des animaux aux fluoroquinolones, il a été multiplié par deux. Par trois pour les céphalosporines. « Or les céphalosporines de 3$^{e}$ et 4$^{e}$ génération et les fluoroquinolones sont considérées comme particulièrement importantes en médecine humaine, car elles constituent l'une des seules alternatives pour le traitement de certaines maladies infectieuses chez l'homme, souligne Pascal Sanders, directeur du laboratoire de l'Anses de Fougères. C'est très angoissant, surtout que l'on sait maintenant qu'il y a dissémination de bactéries résistantes entre les animaux de rente et nous, que ce soit via l'alimentation ou les effluents d'élevage. »

Le professeur Andremont, qui dirige le laboratoire de bactériologie de l'hôpital Bichat, met en avant une étude réalisée sur les éleveurs de porcs. Tous sont colonisés à des doses très importantes par des bactéries résistantes. Il y a donc passage de ces bactéries de l'animal à l'homme. Un constat qui devrait nous pousser à davantage de vigilance dans l'usage des antibiotiques pour les animaux de rente. Car non seulement on crée des bactéries résistantes, transmissibles à l'homme, mais on restreint les solutions curatives pour l'homme, puisque nous utilisons les mêmes antibiotiques pour les animaux que pour nous. Et le professeur Andremont de regretter l'usage massif de colistine dans les élevages alors qu'il s'agit de l'une des dernières molécules recours chez les humains…

Lors de la journée de l'Anses consacrée à l'antibiorésistance, en novembre 2010, les éleveurs de porcs ont promis un « moratoire » sur la céphalosporine (ce qui a amusé au plus haut point le vétérinaire assis à mon côté : « Voilà pour ceux qui se demanderaient encore lesquels, des vétérinaires ou des éleveurs, sont aujourd'hui prescripteurs ! Ce sont les éleveurs qui dictent la loi ! »). En attendant que toutes ces belles résolutions soient appliquées, l'antibiorésistance progresse de façon alarmante en France et en Europe : 400 000 patients sont touchés chaque année, et 25 000 périssent. Malgré la gravité de ce phénomène, les cochons, comme tous les animaux de rente, continuent d'avaler des montagnes d'antibiotiques.

Le petit goret ingurgite ainsi à lui seul 60 à 70 % des antibiotiques de l'élevage… Même *Porc Magazine* a dénoncé dans ses colonnes, en septembre 2010, « l'utilisation généralisée en préventif sur les porcelets de prémélanges médicamenteux incluant des antibiotiques ». Elle constituerait un détournement de l'interdiction de 2006. « À la décharge des éleveurs français, explique un inspecteur de la santé publique, ils n'ont pas le droit, contrairement aux éleveurs de pays nordiques, et notamment du Danemark, d'utiliser l'oxyde de zinc, un additif alimentaire non antibiotique très efficace. En France, va savoir pourquoi, cet additif n'est pas utilisé aux mêmes doses qu'au Danemark. Pour qu'il le soit, il faudrait déposer un dossier de demande d'autorisation de mise sur le marché (AMM), or aucun laboratoire sur terre ne va investir des centaines de milliers d'euros pour un dossier qu'il ne pourra pas rentabiliser étant donné le coût très faible de la matière active. Non seulement il s'agit de concurrence déloyale, mais en outre cela fait passer les vétérinaires français pour des adeptes du traitement systématique ! » Si maintenant même la législation est contre eux…

Sur la totalité des traitements antibiotiques, 60 à 70 % sont donc réservés aux porcelets. Restent 30 à 40 % inexpliqués… Pas si inexpliqués que cela, en fait. Car, hélas, quand on tasse autant d'animaux dans des espaces aussi confinés, ils ont tendance à se refiler joyeusement leurs miasmes. « Les antibiotiques dans les élevages de cochons, comme dans tout élevage concentrationnaire, c'est inévitable, confirme ce haut fonctionnaire de la Direction générale de l'alimentation en charge des contrôles dans les élevages. C'est comme quand vous mettez des gens dans le métro. Quand il y en a un de malade, il contamine tout le monde. Le cochon est certainement l'un des animaux les plus médicalisés de France. » Et ce d'autant plus qu'il est traité via des aliments médicamenteux, c'est-à-dire des médicaments fabriqués par les usines de nourriture pour bestiaux. Ce qui ne fait qu'aggraver, de l'aveu même de Jacqueline Bastien, qui représente pourtant les intérêts de ces industriels, une « confusion des genres dommageable entre vétérinaires, éleveurs et fabricants d'aliments ». En gros, les éleveurs commandent, les usines fabriquent, et les vétérinaires cautionnent. Par ailleurs, traiter les animaux via l'eau ou la nourriture, c'est certes plus pratique pour l'éleveur, mais par ce biais les traitements sont moins ciblés et, au final, les bêtes absorbent plus de médicaments qu'il ne serait nécessaire.

Le dernier rapport de l'Anses révèle des écarts importants de consommation médicamenteuse entre les élevages. En gros, d'après l'étude de Claire Chauvin, chargée de projets scientifiques au laboratoire de Ploufragan, 10 à 30 % des élevages ingurgitent 50 % de la quantité totale d'antibiotiques. Pourquoi ces écarts ? « Dans certains élevages, on réallote sans cesse les porcelets en post-sevrage, l'idée étant de mettre ensemble les jeunes porcs qui "poussent" à la même vitesse », explique Gilles Salvat. Dans le monde merveilleux de l'élevage standardisé, on ne veut voir qu'une seule tête. Les gros avec les gros, les petits avec les petits, bref un seul gabarit par enclos. Cela permet à l'éleveur de savoir, d'un seul coup d'œil, qui partira ou non à l'abattoir à la fin de la semaine. Ces pratiques sont, en revanche, une hérésie en termes de microbisme. Car mélanger les porcs à longueur de temps, c'est mélanger leurs miasmes… Donc les rendre malades, donc être obligé de les traiter beaucoup plus souvent. « Il y a des solutions pour ne pas mélanger les porcs et les conduire en bandes homogènes, souligne Philippe Vannier, directeur de la santé animale et du bien-être animal à l'Anses, mais pour ce faire il faut agrandir les locaux, investir des moyens colossaux, et surtout obtenir une autorisation[1]. » Et, dans ces cas-là, ce sont les écolos qui bloquent en se disant – bien souvent à juste titre – qu'on veut leur rajouter des porcs par-dessus la porcherie et qu'il en est hors de question.

À cela s'ajoute le passage conjoncturel en générique de certains antibiotiques. Qui dit générique dit moins cher. Du coup, les ventes se sont envolées cette année.

Ça, c'est pour le tout-venant, le quotidien de ce joli petit monde. Mais peuvent s'ajouter à cela des pratiques frauduleuses. En août 2010, un inspecteur vétérinaire s'est fendu d'un mail pour expliquer à l'ignare que je suis toutes les dérives possibles du milieu. Il m'a décrit par le menu les escroqueries en tout genre pratiquées sans vergogne par les ripoux de la profession. « Vous avez des pharmaciens affairistes qui contournent allégrement la loi. Qu'il s'agisse des pharmaciens d'officine (incompétents en matière de pharmacie vétérinaire mais que ça n'empêche pas de fournir

1. Entretien avec l'auteur, novembre 2010.

des médicaments à tour de bras) ou des affairistes, souvent d'ailleurs soutenus contre vents et marées par l'ordre des pharmaciens malgré leurs turpitudes indéfendables. » Certains profanes se prennent parfois pour des vétos. C'est ainsi qu'un retraité, Alain Wissocq, qui exerçait illégalement la profession de vétérinaire depuis 2004 a été condamné en juin 2010 à 18 mois de prison ferme par le tribunal correctionnel de Draguignan. Le faux véto, qui n'avait décidément pas froid aux yeux, n'hésitait pas à charcuter le bétail, à pratiquer nombre d'opérations de chirurgie sur ces pauvres bêtes et à délivrer gaillardement des ordonnances. Et pas du bon antibiotique autorisé en France, non, des médicaments en provenance d'Espagne, dont certains classés dangereux pour l'être humain. La police en a saisi près de 200 kilos à son domicile.

Il faut aussi compter avec les pratiques pas très nettes de certains groupements vétérinaires. Là, on est dans la haute voltige de la malversation. Au départ, il n'y avait pourtant que de très bonnes intentions. Avant la loi de 1975, l'univers des médicaments vétérinaires était une vraie jungle. Par exemple, et sans que cela gêne personne, la fabrication, la détention et la vente de médicaments étaient quasi libres, à l'exception des sérums et vaccins et de certains produits contenant des substances vénéneuses. Le législateur a donc été contraint d'y mettre un peu d'ordre. Sauf que, pour ne pas se fâcher avec ses amis et surtout futurs électeurs agriculteurs, il a décidé de laisser aux groupements d'éleveurs le droit d'acheter les médicaments directement aux laboratoires ou aux distributeurs en gros. Mais attention, pas tous les médicaments, seulement ceux dont ils avaient besoin pour les plans sanitaires d'élevage (PSE), soit les vaccins, les antiparasitaires et les hormones. Le groupement d'éleveurs achetait ces traitements en gros, sans passer par la case « vétérinaires libéraux » et « pharmaciens », et engrangeait donc la marge sur les médicaments, qu'il refacturait aux éleveurs au prix de l'officine… Au début, les groupements s'arrangeaient avec les vétérinaires libéraux pour les prescriptions. Mais, très vite, ils se sont dit que ce serait bien plus simple d'avoir des vétérinaires salariés, qui signeraient des ordonnances sans rechigner. Sauf qu'à force de tirer sur la corde, et notamment de faire prescrire à ces vétérinaires corvéables à merci des ordonnances sur des médicaments qui ne faisaient pas partie du PSE, eh bien, ça s'est vu… D'où l'arrêt Riaucourt rendu par le Conseil d'État le 24 janvier 2007. Le contentieux opposait Alain Riaucourt, docteur vétérinaire, salarié de longue date de la coopérative Dynal de Loudéac, à l'ordre des vétérinaires. Comme la plupart des vétérinaires salariés, Alain Riaucourt délivrait à tour de bras des médicaments vétérinaires hors PSE. Médicaments revendus ensuite aux adhérents par la coopérative. Ce petit commerce, extrêmement lucratif pour les coopératives, a quand même duré trois décennies.

Épinglé par le conseil régional de l'ordre d'Aquitaine en avril 2004, le vétérinaire fait appel auprès du Conseil supérieur de l'ordre, mais perd en 2005. Puis il saisit le Conseil d'État, qui enfonce le clou, estimant qu'il s'agit de la part du groupement d'un « exercice illégal de la pharmacie » qui a « pour effet de lui apporter indûment un surplus de chiffre d'affaires ». Selon le Conseil d'État, le confrère salarié, qui prescrit et délivre ces médicaments, « facilite [et] couvre de son titre » l'exercice illégal du groupement, et peut donc être sanctionné par l'ordre comme se livrant à des « actes déloyaux, contraires à l'honneur et à la probité, [...] passibles de poursuites pénales et de sanctions disciplinaires par les juridictions ordinales ».

Bref, les vétos salariés sont renvoyés dans les cordes. Il faudra désormais consulter les vétérinaires libéraux... Sauf que les coopératives ne sont pas nées de la dernière pluie et qu'elles avaient anticipé cet arrêt. Les vétérinaires salariés ont créé des sociétés d'exercice libéral, ou SEL. Or celles-ci permettent de contourner allégrement la loi et l'arrêt Riaucourt. La société exerce en libéral, du coup les vétérinaires, pourtant encore salariés de la coopérative, peuvent prescrire tous les traitements. Et, vous l'aurez compris, à qui les vendent-ils ? À la coopérative dont ils sont restés salariés, pardi ! « Tous les médicaments prescrits par la SEL sont siphonnés par les groupements. Les vétérinaires déclarent des frais extravagants, des loyers ahurissants, des parcs informatiques flambant neufs. Du coup, ils paient tellement de charges qu'ils ne gagnent pas d'argent, et en fait c'est la coopérative qui récupère le pognon[1] », déplore l'inspecteur. Mais, comme en SEL il faut payer les charges, l'URSAFF, la taxe professionnelle, il faut vendre encore plus de médicaments qu'auparavant pour gagner autant d'argent... On en arrive à cette effroyable conclusion : pour maintenir leurs marges, les coopératives vendent encore plus d'antibiotiques.

Et les contrôles, dans tout ça ? Revenons au mail de notre inspecteur : « Déjà, les contrôles officiels des 22 000 pharmaciens sont quasiment irréalisables. Imaginez, 22 000, ça en fait du monde à visiter ! Mais en plus quand vous avez, comme pour les coopératives, ces SEL... Le fonctionnement réel de ces sociétés est tellement raffiné pour paraître honnête que les inspecteurs se font balader faute de compétences approfondies dans les domaines les plus variés : droit social, droit du commerce, droit des sociétés, connaissances comptables permettant de lire et de

1. Entretien téléphonique avec l'auteur, octobre 2010.

comprendre le bilan comptable d'une SA, d'une SEL, d'un agriculteur, d'un cabinet vétérinaire, connaissance très fine du fonctionnement des groupements d'éleveurs, des sociétés d'exercice libéral vétérinaire, de la pharmacie vétérinaire, "traitement spécifique à chaque espèce animale", élevage "traditionnel" et élevage "intensif", rôle des techniciens d'élevage, des fabricants d'aliments, etc. Bref, ce domaine est infiniment complexe, et seul un ou deux inspecteurs des services vétérinaires sont suffisamment compétents pour affronter (le terme n'est pas usurpé) des molosses (groupements d'éleveurs). » L'accès à ces coopératives leur est le plus souvent refusé, alors même qu'ils sont inspecteurs d'État, et ce sous prétexte qu'il ne faudrait pas imposer des contrôles incessants à nos agriculteurs et à nos éleveurs. « Il est inadmissible que les vétérinaires inspecteurs ne puissent pas frapper à la porte d'un groupement de producteurs. On ne peut y aller que par des biais ! Les autorités font barrage pour nous empêcher de contrôler ces groupements. C'est une vraie acrobatie pour faire des inspections. Pourquoi ? Parce que le véritable ministre de l'Agriculture, c'est le patron de la FNSEA [Fédération nationale des syndicats d'exploitants agricoles]. Et que notre agriculture productiviste est rudement protégée par le gouvernement », assène le haut fonctionnaire en conclusion de notre conversation téléphonique.

Jeudi 18 novembre. Journée organisée par l'Anses sur l'antibiorésistance. Tout le gratin de la recherche se presse sur les bancs d'un gigantesque amphithéâtre au siège de Maisons-Alfort. C'est l'heure de la conférence introductive de Philippe Vannier, directeur de la santé animale et du bien-être des animaux. Tout le monde s'attend à un discours très policé. Le chercheur commence : « On sait tous qu'il y a des pressions directes et indirectes des laboratoires sur les vétérinaires : invitations aux congrès, chèque de bonus si les ventes d'antiobiotiques sont importantes… Allons, nous ne sommes pas nés de la dernière pluie, et nous connaissons tous ces pratiques ! » Et paf ! pour les vétérinaires qui touchent des commissions et des avantages en nature s'ils sont de « bons » – comprendre de gros – prescripteurs aux yeux des laboratoires. La salle applaudit, à l'exception des représentants des coopératives agricoles et des laboratoires… Deuxième salve de Philippe Vannier : « On nous a dit : maintenant il y a les SEL, et donc une séparation effective entre les vétérinaires et les coopératives agricoles. Mais cette séparation est-elle vraiment effective ? À partir du moment où les éleveurs ne rémunèrent pas le conseil, où les vétérinaires ne sont pas payés pour cela, je m'interroge : quelle est la part de la vente des antibiotiques dans la rémunération des vétérinaires ? Quelle est la part de la vente des antibiotiques dans l'équilibre budgétaire des

SEL ? Et, à partir du moment où il sera – forcément – prouvé qu'il n'y a pas de séparation effective entre les prescripteurs et les éleveurs, cela ne conduit-il pas obligatoirement à une augmentation des ventes d'antibiotiques ? Quand les éleveurs et les laboratoires comprendront-ils que les antibiotiques ne sont pas des biens marchands, mais des biens publics ? »

Cependant, qu'importent ces traitements puisque les résidus d'antibiotiques sont surveillés par d'incessants contrôles vétérinaires. « On n'a jamais rien trouvé dans les 12 700 contrôles inopinés que la Direction vétérinaire française pratique chaque année », assène le directeur départemental de ce gros service de contrôle de la Région Bretagne. 12 700 contrôles, ça paraît beaucoup. Ramenés aux 26 millions de porcs abattus chaque année en France, ça ne fait plus soudain qu'un contrôle tous les 2 050 cochons… Restent les contrôles réalisés de manière systématique en abattoir. Dans l'immense usine de la gigantesque coopérative agricole sise à Lamballe, on abat 45 000 porcs par semaine, 9 000 porcs par jour. Douze vétérinaires sont chargés de contrôler les carcasses qui déboulent sur une chaîne à un rythme tellement infernal qu'on les distingue à peine. Comment les contrôler attentivement quand on n'a pas plus de trente secondes pour s'assurer de la qualité d'une carcasse ? Le contrôle est essentiellement visuel, confirme Sophie Bertrand, la responsable qualité du groupe. « Si on n'a pas vu de traces de piqûre dans l'échine, ni d'abcès, ni d'animaux anormalement conformés qui nous amèneraient à suspecter l'utilisation d'hormones de croissance, on appose le cachet », confirme le docteur Mamadou Sidibé, chef vétérinaire à l'abattoir de Montauban-de-Bretagne.

En France, on croit dur comme fer aux vertus de l'autocontrôle lorsqu'il s'agit de notre alimentation, et donc de notre santé, mais beaucoup moins quand il est question de circulation et d'accidents de la route. Il faut croire que l'industrie agroalimentaire est bien plus vertueuse que nos automobilistes…

Et encore ne s'agit-il là que des porcs charcutiers, ces adolescents d'à peine 6 mois tués dans la force de l'âge, pas de nos braves coches de réforme. Une baisse de régime ? Neuf porcelets par portée au lieu de dix-huit ? Un ventre vide après insémination ? Et hop, rillettes ! « On n'a pas de temps à perdre avec ces bêtes-là, souligne, sans état d'âme, le chef porcher. Ça bouffe pareil qu'un porc charcutier, et au prix de l'alimentation on n'a pas les moyens de garder une truie qui ne fait pas assez de petits[1]. » Ce ne serait pas rentable. Donc, après deux ou trois années de bons et

1. Entretien avec l'auteur, Ampoigné (Mayenne), automne 2009.

loyaux services, les « vieilles » coches sont envoyées, manu militari, à l'abattoir. Soit quelque 500 000 truies réformées chaque année. Pourtant, quand on interroge les employés des abattoirs, c'est comme si personne ne savait ce qu'elles sont devenues. Tous prennent une moue dégoûtée pour expliquer qu'on ne tue pas ces bêtes-là chez eux… Il faut dire que les pauvres n'arrivent pas en très grande forme à la tuerie. Du coup, soit on les abat en fin de journée, soit on les tue dans des abattoirs spécialisés. Mais la question sanitaire n'est pas la seule raison qui empêche les abattoirs de tuer les truies, comme le confirme Jean-Pierre Joly[1], directeur du Marché du porc breton, le marché au cadran du porc : « La coche, c'est un métier spécial. Il y a vingt, vingt-cinq ans de cela, tous les abattoirs tuaient les coches parce qu'ils ne pouvaient pas faire autrement. C'étaient les coches de l'éleveur qui leur livraient des porcs. » Puis les abattoirs se sont robotisés. « Et les coches, ce n'était pas pratique dans les chaînes automatisées et calibrées pour des porcs charcutiers. Les truies étaient disproportionnées, bien trop grandes et trop grosses, il fallait dérégler les chaînes pour les adapter à ces bêtes gigantesques. » Les abattoirs n'en ont plus voulu. Accepter ces mastodontes dans leurs usines à

1. Entretien avec l'auteur, automne 2009.

viande, c'était un coup à casser le rythme, à foutre en l'air la cadence, sans compter le nettoyage des chaînes… « Les abattoirs les prennent en fin de journée, à la rigueur, quand il reste un rab de temps ! »

« Et encore, poursuit Jean-Pierre Joly, les choses se sont pacifiées aujourd'hui avec les truies. Vous seriez venue il y a quinze ans à peine, vous seriez tombée en plein dans la bataille homérique de la tête de truie ! Les abattoirs disaient que leurs chaînes n'étaient pas adaptées aux coches. Le groin des truies touchait par terre et l'on risquait, selon eux, une contamination bactérienne. » On s'est donc accordé pour décapiter la truie. Mais la question était : où couper la tête ? « On peut la couper à deux endroits, précise, goguenard, Jean-Pierre Joly : très près de l'oreille ou très près de l'épaule. Entre les deux, ça fait une sacrée différence de poids et donc de rémunération pour l'éleveur. Bref, il a fallu qu'on s'accorde sur le bon endroit pour découper la tête et que cet endroit soit le même dans chaque abattoir. »

Si ces coches de réforme engendrent tant de soucis et si les éleveurs semblent considérer qu'il s'agit d'un matériau pas assez noble, peu valorisable, dont ils ne savent même pas vraiment ce qu'il devient, pourquoi ne pas s'en débarrasser ? « Vous rigolez ? s'écrie Jean-Pierre Joly. Jamais de la vie ! Leur prix au kilo est à peine moins élevé que celui d'un porc charcutier, vous pensez bien qu'aucun éleveur ne se priverait de ces revenus ! » Au fait, on en fait quoi, de ces coches de réforme ? Rillettes et saucissons ! La charcuterie, c'est du 100 % vieilles coches de réforme, chargées aux métaux lourds après avoir consciencieusement léché les barreaux de leur cage pendant trois ans, gavées d'hormones et d'antibiotiques…

Or, si le porc est la viande la plus consommée en France, avec 35 kilos par an et par ménage, on ne consomme pas tellement de viande fraîche (à peine 8,5 kilos par an). Saucissons secs, rillettes, saucisses représentent 75 % de notre consommation de porc.

Cadences infernales, castration, claustration… Le cochon vit dans un enfer pavé de « bonnes » intentions productivistes. Le revers de cette hyperprolificité, de cette hyperproductivité porcine, c'est l'omniprésence de la mort. L'élevage concentrationnaire aura fait renaître la pratique de l'eugénisme, même s'il n'est « que » porcin. On va jusqu'à trouver une justification, si ce n'est morale, tout au moins économique, au fait de tuer celui qui ne résiste pas.

Première victime : le porcelet. Dans l'édition de 1952 du *Larousse agricole*, l'entrée porcine indiquait déjà : « Dès la naissance, on peut supprimer les sujets les moins bien venus et garder à la mère autant de porcelets qu'elle a de tétines en fonctionnement. » Sauf qu'on avait encore conscience de l'inutilité de forcer la nature au-delà de certaines limites : « Les portées supérieures à 12 sont sans intérêt, car les porcelets sous-alimentés ne sont jamais de belle venue. » Bref, on éliminait déjà le porcelet chétif, mais on n'en faisait pas encore naître plus de 20 par portée !

Il faut lire les entretiens recueillis par Jocelyne Porcher[1]. Ils font frémir. « Un porcelet qu'est trop petit, qu'a aucune chance de vivre, je dirais vraiment trop, trop petit, on le tue. » « Sur le nombre, on arrivera toujours à en sauver la moitié. Mais bon ! C'est vrai que c'est du travail en plus pour pas grand-chose. Le but du jeu, c'est de sevrer le plus de cochons. » Et comme on n'a pas l'habitude, dans un système productiviste, de travailler pour « pas grand-chose », on préfère se débarrasser des « gêneurs » plutôt que de perdre inutilement son temps. Soit une truie lambda. Elle fait gentiment sa vingtaine de petits. Bien trop pour ses tétines. On lui en retire donc cinq, parmi les plus maigrichons. On les « toque » – c'est-à-dire qu'on leur explose le crâne à mains nues contre le caillebotis ou contre le mur, parce qu'on n'a pas de temps à perdre à faire grossir des chétifs qui ne répondront jamais, quoi qu'on fasse, aux critères de l'industrie de la viande. Pourquoi,

1. *Cochons d'or*, *op. cit.*, p. 146.

alors, pousser la nature jusqu'à avoir des truies qui font 30 porcelets dont on ne sauvera, au mieux, que la moitié ? 30 porcelets mis bas, c'est 15 porcelets garantis ; 3 de plus que si l'on avait une belle portée de 12 petits menée à bien par une truie en pleine santé… Bref, une truie heureuse, c'est du rendement en moins, et le risque, inacceptable, d'avoir des tétines inoccupées. Il n'y a pas de place, dans l'univers industriel, pour une tétine sans goret. Mieux vaut perdre 15 petits que de laisser une tétine sans porcelet.

Avant l'engraissement, au moment du sevrage, on tue encore quelques porcelets. Pas la peine d'engraisser sottement des bêtes qui ne seront pas rentables. « Un cochon qui ne fera rien et qui est en train de manger de l'aliment, c'est du gaspillage ; […] ça ne sert à rien de les garder, de leur donner à manger pour rien. On les assomme, c'est pas sorcier. C'est jamais qu'un coup de marteau, faut pas le louper, c'est tout[1]. »

Seconde victime de ce monde sans pitié : la truie. Forçat de la maternité, perçue comme une machine à fabriquer du vivant. Et réformée dès qu'elle ne produit plus assez de « minerai ». « Comment peut-on parler du bien-être d'une truie contrainte de vivre en bâtiment, de produire plus de 20 porcelets par portée dont on toque une

1. *Ibid.*, p. 147.

partie contre le mur ou le caillebotis, privée du droit à l'erreur, et qu'on assommera au bout du compte d'un coup de masse parce qu'elle se sera coincé un onglon dans le caillebotis ? » s'emporte Jocelyne Porcher. On ne soigne plus les animaux, on les tue. Et pourtant, comme le souligne la sociologue, « les truies sont réformées pour des pathologies liées à leur contention : boiteries, paralysies, abcès, retour d'insémination artificielle, problèmes hépatiques, portées insuffisantes… ». Ce sont les conditions d'élevage qui les usent. C'est parce qu'elles sont entravées à longueur de journée et conditionnées à mettre bas à des cadences infernales qu'elles sont réformées tous les deux ou trois ans. Bien sûr, il serait aisé de les garder plus longtemps si on les traitait mieux. Mais encore faudrait-il renoncer au schéma productiviste. Et l'industrie porcine est loin de vouloir le faire. Mieux vaut user la bête jusqu'à ce qu'elle crève, quitte à racheter des cochettes plus souvent, plutôt que de prendre le risque d'une baisse de rendement. En élevage industriel, une truie a intérêt à ne pas lever le pied ! Mais, attention, hors de question de les tuer avant qu'elles aient craché tout leur minerai. Le coup de masse, c'est après la naissance des précieux porcelets.

## *Permis de tuer*

Le but premier, c'est la productivité. Le permis de tuer est donc justifié pour les truies qui ne seraient pas assez prolifiques. Une insémination ratée, une truie qui revient le ventre vide, c'est rillettes, on l'a vu. Une truie qui fait des mort-nés ou qui écrase ses petits, ça devient du saucisson. On ne va pas gaver ces « sales bêtes » d'aliments onéreux alors qu'« elles ne font pas leur job »… Et tout cela sans ciller. C'est comme si tous les porchers de France et de Navarre avaient fait leurs les descriptions bien peu porcophiles du savant Buffon dans son *Histoire naturelle* : « De tous les quadrupèdes, le cochon paraît être l'animal le plus brut ; les imperfections de la forme semblent influer sur le naturel, toutes ses habitudes sont grossières, tous ses goûts sont immondes, toutes ses sensations se réduisent à une luxure furieuse et à une gourmandise brutale qui lui fait dévorer indistinctement tout ce qui se présente, et même sa progéniture au moment qu'elle vient de naître[1]. »

Bref, le porc n'a jamais que ce qu'il mérite !

À ces terribles questions de productivité au sein de l'élevage s'ajoutent celles, non moins

1. Édition de 1769, citée par Michel Pastoureau in *Le Cochon. Histoire d'un cousin mal aimé*, Gallimard, 2009, p. 50.

extravagantes, du rendement des abattoirs. Décidés à ne plus gaspiller de précieuses minutes avec des animaux qui, un peu mal fichus, mettent infiniment trop de temps à sortir du camion, ou encore avec des porcs qui peuvent avoir de menus bobos, comme des hernies, les abattoirs ont obtenu, par arrêté du 9 juin 2000, l'autorisation de refuser les bêtes dont ils ne voulaient plus. Cela recouvre toutes celles qui seraient « en état de misère physiologique ». En gros, celles qui demanderaient un peu plus de temps de traitement que la moyenne et qui risqueraient de dérégler l'horlogerie fine des chaînes d'abattage, désormais entièrement robotisées.

Mais comment font les éleveurs avec toutes ces bêtes que les abattoirs leur laissent sur les bras ? Ils les tuent à la ferme, pardi ! Et qu'importe si le législateur prétend que ces pratiques n'existent pas et les interdit… À l'éleveur de se débrouiller avec ses cochons crevards dont plus personne ne veut entendre parler. L'interprofession porcine, lucide, a d'ailleurs commencé à mettre en place des formations à l'euthanasie. Chez nous, en France, ça reste « bon enfant », la tuerie a encore quelque chose de fondamentalement « artisanal ». Un bon coup de masse ou de marteau sur la tête des truies faiblardes. Un grand « poc » sur la caboche du porcelet. Et une bonne dose de vermifuge pour le porc charcutier ou la truie qu'on n'aurait pas le cœur d'abattre à mains nues. Pourtant, les outils se perfectionnent, et l'on voit désormais débarquer dans les élevages français les mêmes merveilles technologiques que celles déjà utilisées depuis belle lurette au Québec et aux États-Unis. Ainsi en est-il du fantastique Ro-Main, destiné à électrocuter les porcs et présenté au Space 2008. Ou encore des pinces électriques, des matadors – pistolets à tige qui perforent la boîte crânienne de l'animal – ou, mieux, du caisson étanche saturé à 70 % minimum de dioxyde de carbone ($CO_2$). De véritables petites chambres à gaz porcines... Et puis, divine surprise, tout cela ne nécessite qu'un outillage minimal : « une bouteille de gaz au $CO_2$ sous pression, un détendeur, un réchauffeur de gaz, un analyseur de gaz, un caisson étanche[1] ».

Autrefois faiseur de vies, l'éleveur est devenu serial killer et doit donc, vaille que vaille, se dépêtrer de tous ces corps dont personne ne veut. Pour un élevage relativement modeste, disons de 160 truies naissance et engraissement, il faut compter chaque année plus de 1 330 animaux morts. Ce qui fait tout de même la bagatelle de 15,3 tonnes de cadavres de porcs par an.

On peut donc considérer que chaque truie met bas 96 kilos de cadavres chaque année. C'est-à-

1. C. Chevillon, C. Mircovich, S. Dubroca, J.-Y. Fleho, « Euthanasie en élevage de porc », *Techni-Porc*, 27, 4, 2004, p. 22.

dire que les 1,3 million de truies françaises produisent tous les ans quelque 131 200 tonnes de cadavres[1]. Et encore, d'après Sébastien Mouret et Jocelyne Porcher, ces chiffres sous-estimeraient largement la mortalité réelle, car ils ne prennent pas en compte les porcelets chétifs. Or, avec des truies qui font 25 porcelets par portée, les maigrichons sont monnaie courante ! Et généralement leur espérance de vie avant d'être « toqués » contre le béton n'est que de quelques heures…

131 200 tonnes de cadavres, cela s'apparente à de la gestion industrielle de la mort. Heureusement, là encore, la technologie est au service de l'élevage de porcs. Et l'on retrouve Ro-Main, la petite entreprise québécoise qui monte dans le domaine du funéraire porcin. Démonstration avec le fabuleux bras Hercule, « lauréat d'une mention d'excellence lors de la remise provinciale du prix Innovation en santé et sécurité du travail (ISST) dans la catégorie "PME" ». Hercule, c'est un bras télescopique inclinable sur une base pivotant à 180 degrés qui lui confère « une flexibilité exceptionnelle permettant à

1. Chiffres tirés de C. Chevillon, A. Aubry, M. Rieu, « Gestion des cadavres de porcs en France : volumes, organisation et collecte, stockage et traitement », *Techni-Porc*, 28, 3, 2005, p. 3-10, cités *in* Jocelyne Porcher et Sébastien Mouret, « Les systèmes industriels porcins : la mort comme travail ordinaire », *Natures Sciences Sociétés*, 15, 2007, p. 245-252.

la mini-grue de tourner dans les espaces les plus restreints et de contourner aisément les obstacles[1] ». Vidéo à l'appui, Ro-Main prouve qu'avec Hercule les temps maudits où le porcher se cassait le dos à essayer d'extirper des cadavres de 200 à 400 kilos coincés dans leurs cages microscopiques ne sont plus qu'un lointain souvenir. Zoom sur le porcher assis à même le sol, poussant de toutes ses forces avec ses pieds sur la truie morte, pestant, mimant la douleur. Travelling. De l'autre côté de la cage, un autre porcher tire comme un malheureux pour essayer de désenclaver le cadavre de la truie. Douleur physique, perte de temps, gâchis de main-d'œuvre, tout cela appartient heureusement à un passé révolu grâce à Hercule. L'usage de cette petite grue est simple comme bonjour. On pend la truie au câble en acier, on la remonte, et le tour est joué. Tellement facile qu'une femme peut le faire. C'est d'ailleurs ce dont veut nous convaincre cette jeune et solide porchère, que l'on croirait tout droit sortie de *La Petite Maison dans la prairie* avec ses deux couettes et son bandana dans les cheveux. Sourire aux lèvres, elle narre, amusée, ces jours anciens où il fallait tirer au sort pour savoir qui allait se coltiner la corvée d'évacuer le cadavre de la truie. « Aujourd'hui, on tire toujours à la courte paille, mais cette fois-ci pour savoir qui va pouvoir

1. http://www.ro-main.com/fr/produits/details_produit.php?no_produit=7.

se servir de cet appareil, on est tellement emballés par Hercule. » Comme s'il s'agissait d'un simple jeu. Et que la question de la gestion de la mort ne soit en rien problématique. Mieux, grâce à Hercule, elle est devenue ludique.

Que faire des cadavres ? C'est *le* problème majeur des élevages industriels. « Fini le temps où le paysan attaché à ses bêtes appelait l'équarrisseur une fois dans le mois pour ramasser les animaux qu'il n'avait pas réussi à sauver. Aujourd'hui, il y a tellement de cadavres dans les élevages que le camion passe toutes les semaines. Seules les bêtes qui tiennent encore debout partent à l'abattoir[1] », regrette René Louail, éleveur et syndicaliste agricole. Sauf qu'avec la crise de la vache folle le service public d'équarrissage est devenu déficitaire. Impossible de rentabiliser un marché où il y a de plus en plus de cadavres à ramasser et où il est désormais interdit de refourguer les sous-produits, comme les farines animales. « Conséquence directe, l'État se désengage de l'équarrissage. Qui se privatise. Ce qui engendre une augmentation des coûts pour les éleveurs… Ces derniers doivent diminuer les volumes, et donc laissent pourrir les carcasses », résume, attristée, Jocelyne Porcher. D'où la nécessité d'un nouvel outillage. Et les industriels de vanter la

1. Série d'entretiens avec l'auteur, septembre-octobre 2010.

cloche à cadavres, qui permet de dissimuler dans un coin de l'élevage les truies en décomposition. Ou, mieux encore, les sacs de stockage de cadavres d'animaux biodégradables de Cobioco. Une nouveauté récompensée par Innov'Space en 2008. Rien de tel qu'un sac en papier bio comme il faut pour laisser pourrir les macchabées. En 2010, Innov'Space a mis à l'honneur l'Ekar® Bac « révolution », un conteneur de 770 litres hyper-pratique d'utilisation pour stocker les cadavres d'animaux. Et, grâce à une merveille de technologie, le jus de cadavre reste dedans. Mais attention à ne pas se faire mal voir des voisins. De fait, comme le soulignent non sans malice Jocelyne Porcher et Sébastien Mouret, « afin de s'assurer de la discrétion la plus totale lors [...] du fonctionnement de ces équipements, certaines précautions sont recommandées aux éleveurs et aux salariés ». Par exemple, « pour éviter que les bacs réfrigérés d'équarrissage [...] ne servent de garde-manger aux animaux "sauvages", les installations doivent être équipées de grillage. Que diraient des voisins, résidant à proximité d'unités de production porcine, s'ils venaient à retrouver une patte, un groin ou un os de cochon laissés par leur animal domestique dans leur propriété[1] ? » Ce serait fâcheux,

1. Jocelyne Porcher et Sébastien Mouret, « Les systèmes industriels porcins », art. cité.

effectivement. Mais tout cela est désormais dissimulé derrière un jargon écolo-compatible. On ne laisse pas pourrir les cadavres, on fait du compost, de l'humus. On ne laisse pas se putréfier la charogne, elle reçoit un échauffement primaire, secondaire. Bref, tout ça, c'est bio, c'est beau, et ce n'est presque plus de la mort. Une euphémisation, qui ne parvient pas à effacer la gêne occasionnée par ces outillages industriels. La mort, ça pue. Et rien n'y fait. La notice des multiples incinérateurs disponibles sur le marché de la mort porcine recommande ainsi de ne pas les disposer dans le sens des vents dominants afin que l'odeur nauséabonde qui se dégage des cadavres brûlés n'importune pas le voisinage. Et malgré l'efficacité de composteurs comme le Biovator – un immense tunnel de décomposition des porcs qui permet de digérer une truie en deux semaines et un porcelet en deux ou trois jours seulement[1] –, les éleveurs ont bien du mal à supporter la mort de leurs bêtes.

1. L. Viel, « Le Biovator prêt à l'emploi », *Porc Magazine*, 400, 70, 2006.

CHAPITRE 2

# Mange, cochon !

« Dans certaines contrées, on envoie les porcelets dans les champs, dans les bois, sur les trèfles où ils cherchent leur nourriture ; […] c'est une méthode très économique : les animaux acquièrent par l'exercice un développement plus grand de leur masse musculaire. […] On utilise des pâtures de peu de valeur ; on les fait passer dans les champs de pommes de terre après la récolte ; ils se nourrissent de glands, de faines et de châtaignes, déterrent les racines[1]… »

Vous l'aurez compris, ces images de porcelets trottinant joyeusement dans les champs et les forêts ont fait long feu… Désormais, ce sont des usines ultramodernes qui fabriquent, chaque jour, des montagnes de granulés. D'après les chiffres

1. Raoul Gouin, *Alimentation rationnelle des animaux domestiques*, *op. cit.*

fournis par le Syndicat du porc, en France, 250 usines fabriquent 6,5 millions de tonnes d'aliments pour porcs tous les ans.

Lamballe. Les deux frères ennemis, les coopératives du Gouessant et de la Cooperl, se font face. Celle du Gouessant est restée sur le site historique de la commune ; elle traite chaque jour 3 000 tonnes de denrées arrivées du monde entier et produit 450 000 tonnes d'aliments par an. Face aux visiteurs s'élèvent des dizaines de silos hauts d'une trentaine de mètres. Chacun peut contenir un train entier de 22 wagons. En face du Gouessant, il ne reste plus que l'abattoir de la Cooperl. Les usines de fabrication d'aliments ont dû être délocalisées plus loin. Le site de Lamballe devenait trop exigu… Trois usines situées non loin, à Plestan, Vitré et Plounérin, tournent 24 heures sur 24 pour fournir 1 600 000 tonnes d'aliments tous les ans, soit 6 000 tonnes par jour. Pour alimenter ses machines, la Cooperl fait venir quotidiennement 140 camions et 2 trains de denrées en tout genre. Un petit échantillonnage est prélevé sur chaque arrivage pour vérifier le dosage de métaux lourds et autres produits toxiques. Mais, de toute façon, le temps de recevoir les résultats des tests de dioxines ou de pesticides, l'aliment a été mangé par le cochon.

On s'étonne de voir un bocal étiqueté « graisse de Lamballe ». Ah oui, ça c'était le temps béni d'avant la vache folle, quand le cochon avait le droit de manger le gras de ses congénères et que le cannibalisme était de mise ! Ce n'est plus possible depuis quelques années seulement, au grand regret de Denis Olivry, directeur du site de Plestan, qui n'en démord pas : « Rien ne faisait pousser si bien le cochon que le gras de ses petits camarades[1] ! » Passons à l'étage des nutritionnistes. Là, à côté de ces scientifiques censés préparer les aliments les plus performants pour faire pousser le cochon à la vitesse du TGV, sont installés des commerciaux qui passent leur journée à téléphoner dans le monde entier pour trouver les marchandises au plus bas coût… « On peut changer la formule plusieurs fois par jour en fonction de ce que l'on trouve sur le marché international », confirme Denis Olivry. Ainsi, les années où les prix des matières premières flambent, les cochons doivent se contenter de manioc, et ils attrapent tous la courante… « À chaque hausse brutale des prix alimentaires, il y a des remplacements de l'amidon de maïs, de blé, par d'autres amidons, que les bêtes supportent moins bien, souligne Gilles Salvat, directeur du laboratoire de l'Anses de Ploufragan. Ces déséquilibres entraînent des épisodes cliniques dans les élevages, et donc une recrudescence de traitements antibiotiques[2]. » En clair, comme on donne

1. Entretien avec l'auteur, octobre 2009.
2. Entretien avec l'auteur, novembre 2010.

n'importe quoi à manger aux cochons, ils tombent malades et, pour les soigner, on les gave d'antibiotiques… Cherchez l'erreur.

Mais le manioc, c'est un moindre mal. Un chercheur de l'INRA se rappelle avec effarement que le nutritionniste d'une grande coopérative l'avait appelé un jour pour lui demander si l'huile de coton, c'était bon pour le porc. Il raconte : « Je me suis étonné. C'est une culture soumise à de nombreux pesticides, pourquoi vouloir donner ça à vos porcs ? – Parce que je viens de toucher un lot pour pas cher », lui a répondu, sans sourciller, le nutritionniste.

« On en a fait, des contrôles inopinés ! » se souvient, goguenard, ce militant de la première heure de la Confédération paysanne. « C'est un monde de gangsters. S'ils pouvaient faire pousser les cochons avec du pipi de chat, ils le feraient. Ils ont été jusqu'à foutre des produits de chiotte. On a trouvé ça dans des tests inopinés réalisés par la Conf'. De toute façon, comme tout est aseptisé, tu ne peux plus te rendre compte de rien, et rien n'est grave du moment que le cochon ne crève pas. »

Heureusement pour lui, le porc est superrésistant. C'est bien pour cela d'ailleurs qu'il ingurgite, sans broncher, tous les déchets de l'industrie. Pardon, maintenant, on dit les coproduits, ça fait plus chic, et surtout ça fait un peu moins peur. Donc voilà notre valeureux porc qui mange des déchets de l'industrie des agrocarburants, des restes de l'industrie de l'huile (tourteaux de soja, de palmiste et pourquoi pas de coton), des déchets de l'amidonnerie, des drèches (déchets) de distillerie, de brasserie, de féculerie, des mélasses. En résumé, tout ce qu'il peut avaler sans crever, on le lui donne.

Vous me direz : de tout temps le cochon a été la poubelle de la ferme. On lui donnait des eaux grasses, du petit-lait, des épluchures de pommes de terre, les légumes invendables, les fanes… Certes. Mais tout cela venait de la ferme ou des environs immédiats. Aujourd'hui, le cochon n'est plus la poubelle de *sa* ferme, il est la poubelle de toutes les industries du monde…

Car, pour acheter ces denrées à moindre coût, il faut les faire venir du monde entier. C'est le cas notamment de tous les additifs et vitamines de synthèse incorporés à hautes doses dans la nourriture pour faire gonfler le cochon. Ces produits sont tous, sans exception, made in China. C'est ainsi qu'entre 2004 et 2005 plus de 5 000 éleveurs ont vu leurs animaux intoxiqués par du cadmium, un métal lourd utilisé notamment dans les batteries et qui se révèle d'une toxicité aiguë. Chez l'homme, il peut provoquer gastro-entérites, vomissements et diarrhées. Or on en a retrouvé dans la chair du bétail à des quantités 300 fois supérieures aux limites réglementaires… Au total, ce sont des dizaines et des dizaines de milliers d'ovins, de bovins, de volailles et de porcs qui ont été contaminés. À l'origine de l'affaire ? 120 tonnes de sulfate de zinc importées de Chine, dont personne n'a pensé à contrôler la teneur en cadmium… Jusqu'en avril 2005, 68 tonnes de ce sulfate de zinc ont été écoulées à dix fabricants d'aliments pour animaux. Denis Olivry en convient : « Avec la Chine, c'est terrible, il faut aller jusque dans les conteneurs pour s'assurer de ce que l'on nous vend. » Et rares sont ceux qui se risquent jusque-là. Pour ne pas se faire prendre la main dans le pot de miel chinois, les usines d'aliments pour bétail préfèrent passer par des intermédiaires, souvent de grands laboratoires pharmaceutiques, qui, eux, dépêchent peut-être des gens sur place. Bref, votre vitamine de synthèse est étiquetée du nom d'un grand labo français alors qu'elle n'aura été qu'importée par lui. Mais, souffle ce fabricant d'aliments, « nous, ça nous couvre. En cas de pépin, on reportera la faute sur le labo ». Voilà qui ne peut que nous rassurer…

La recette magique de leurs aliments pour porcs est gardée aussi jalousement qu'un secret d'État. « C'est comme pour le Coca-Cola. On a tous nos petits secrets de fabrication », s'amuse Denis Olivry. De toute façon, comment fournir à sa clientèle une formulation exacte quand la composition change heure après heure, en fonction des prix du marché ? Chacun a ses petits trucs. Certains préfèrent jouer la carte des pré- et probiotiques, des bonnes bactéries utilisées pour faire gonfler le cochon à la vitesse du vent, d'autres celle des vitamines de synthèse… Et puis, on n'a pas tellement envie que le pékin moyen aille mettre son nez là-dedans. Une chose est certaine, c'est que la formule magique donnée aux porcs fonctionne rudement bien. Pour faire un kilo de porc, il fallait 4 kilos d'aliments il y a une trentaine d'années encore, il n'en faut plus que 3 aujourd'hui. Et, dans le même temps, les éleveurs ont gagné un mois de croissance… Bref, le porc mange de moins en moins et pousse de plus en plus vite. Magique.

On est désormais capable de faire pousser les porcs à façon. C'est ce qu'explique doctement David Brillouet, directeur de l'activité porc du Gouessant : « On a différentes gammes d'aliments. Si l'éleveur manque de place et doit faire pousser les cochons plus vite, on lui fournit un aliment avec un rendement élevé. Par contre, dans les élevages spacieux, on n'est pas obligé de "charger" autant les porcs, on peut les garder 210 jours sans que ça gêne. Quand l'élevage est exigu, il faut que les cochons sortent en 165 jours, donc on dope les porcs avec une nourriture hyper-énergétique[1]. » En somme, moins il y a de place, plus l'animal est chargé et doit pousser vite fait,

1. Entretien avec l'auteur, septembre 2009.

histoire de passer fissa à la prochaine fournée pour l'abattoir… C'est pour cela d'ailleurs que le Gouessant travaille sur une formulation d'aliments spécialement dédiée au contexte breton – qui concerne plus d'un porc sur deux. « Le contexte breton, poursuit David Brillouet, c'est une promiscuité très forte liée à une pression sanitaire importante. Les élevages sont très denses, donc il y a beaucoup plus de risques de maladie qu'ailleurs. La formulation est adaptée à ces deux challenges » – c'est-à-dire qu'elle est capable de faire pousser le cochon plus vite que l'éclair et de le rendre hyperrésistant à toutes les pathologies auxquelles il peut être confronté au cours de sa courte vie. Comme les additifs antibiotiques sont désormais « officiellement » interdits, ces usines les auraient remplacés par des prémix vitaminiques et de pré- ou probiotiques, entièrement concoctés en Chine.

Mais le paradoxe du porc moderne, c'est qu'il est tout à la fois la poubelle des industries mondialisées dégageant moult $CO_2$, puisque les résidus de soja viennent d'Amérique latine et que les déchets d'huilerie arrivent des quatre coins du monde, et une bête de luxe, dont la ration contient plus de 50 % de blé. Autant de céréales qui pourraient être utilisées dans l'alimentation humaine. Et qui viennent à manquer dans les pays pauvres.

Du coup, le porc participe à la flambée des prix des céréales et la subit. Quand le prix du blé s'envole parce que la Russie a connu des incendies ravageurs, l'aliment acheté par l'éleveur prend 10 %, les prix de production augmentent de 25 centimes par kilo de viande, et c'est comme ça que les élevages industriels fabriquent du cochon à perte…

Pourtant, il y a d'autres solutions. Comme celle préconisée depuis trois ans maintenant par l'entreprise Valma. Roger Balleix et son associé Frédéric Pétillot, ingénieur agronome, ont calculé pour le compte de l'Ademe qu'il y avait en France, chaque année, environ 420 000 tonnes de produits emballés non conformes pouvant parfaitement être recyclés en alimentation animale. Autant de produits que l'on préfère pour le moment jeter… « Il y a vingt ans, on croyait aux vertus miraculeuses de l'incinération, donc on brûlait tout en pensant qu'on allait récupérer énormément d'énergie. Il s'est révélé que le bilan énergétique de l'incinération était désastreux. Maintenant, on s'est lancé dans la méthanisation. On pense qu'on va pouvoir faire fermenter tout et n'importe quoi pour en tirer, là encore, de l'énergie. Sauf que les petites bêtes, elles ne méthanisent pas si on ne les nourrit pas… Et donc, pour méthaniser, on a besoin des déchets de l'agroalimentaire. Ce qui veut dire qu'aujourd'hui nos plus gros concurrents sont les méthaniseurs[1]. » En bref, on préfère une fois encore jeter de la nourriture plutôt que de la recycler. Et Frédéric Pétillot de décrire la concurrence effrayante qu'il subit de la part des méthaniseurs belges, subventionnés par leurs pouvoirs publics et venant chercher chez nous des déchets alimentaires dans le fol espoir de faire fonctionner leurs usines…

Que trouve-t-on dans ce gisement de nourriture ? Des produits frais, même pas périmés. Comment est-ce possible ? « L'industriel s'engage auprès du distributeur à livrer sa plate-forme tous les jours avec des produits estampillés à une certaine date limite de consommation, explique Frédéric Pétillot. Aujourd'hui, je livre tel distributeur avec une date limite de consommation qui va jusqu'au 1er octobre. Demain, la date devra être du 2 octobre minimum. Toutes les palettes de yaourts restées en usine et datées du 1er octobre sont donc bonnes pour la poubelle. À moins que nous ne les récupérions. » Et ces problèmes de gestion des stocks sont aggravés par le système des marques de distributeur. En gros, quand vous êtes industriel, la grande distribution peut choisir un jour de vous prendre 20 palettes de yaourts au lieu de 50. Que faire alors des 30 palettes restantes quand elles sont siglées de la marque de

1. Entretien avec l'auteur, septembre 2010.

distributeur ? L'industriel n'a que ses yeux pour pleurer, puisqu'il lui est impossible de vendre des yaourts siglés Carrefour à Leclerc, et vice versa… « Les raisons de non-conformité des produits alimentaires sont multiples et souvent insignifiantes, mais ça représente des volumes énormes, ajoute Frédéric Pétillot. Il peut s'agir d'erreurs d'étiquetage – un yaourt banane qui arbore une grosse fraise sur son opercule –, d'un problème avec l'encreur du code-barres… Le temps que les industriels s'en rendent compte, 2 000 pots peuvent sortir de l'usine, qui resteront invendables. De même, si un yaourt explose dans une palette, les industriels préfèrent jeter tous les yaourts de la palette plutôt que de risquer de vendre des pots ayant reçu des éclaboussures. Les essais de produits, ça peut représenter jusqu'à 80 000 pots à l'heure dans certaines usines ! Lorsqu'une chaîne fraise doit ensuite faire de la banane, le temps que les tuyaux soient complètement nettoyés, les premiers yaourts partent à la trappe… Et ne parlons même pas des exigences sanitaires, tellement poussées pour éviter les moisissures ou les rancissements que nombre de yaourts parfaitement mangeables partent à la poubelle. »

Ainsi, il est tout à fait possible d'imaginer nourrir les cochons non pas avec des céréales bonnes pour les humains ou des déchets d'agrocarburants, mais avec les excès de nourriture que notre société de surconsommation préfère jeter !

420 000 tonnes rapportées aux 6,5 millions de tonnes d'aliments pour porcs, c'est insuffisant, certes. Mais c'est déjà ça. Il est fâcheux que nous préférions encore jeter cette nourriture ou la méthaniser plutôt que de s'en servir, massivement, pour nourrir les animaux que nous mangeons.

Michel Poirier a décidé de recycler ses produits dans son élevage. « Je reproduis les gestes des anciens avec leur soupe. Sauf qu'aujourd'hui les bassines de nos aïeux sont devenues des fosses de 130 mètres cubes[1] ! » Dans cet élevage industriel, tout est pensé : « Au lieu de pomper 30 mètres cubes d'eau par jour pour étancher la soif de nos bêtes, on se fait livrer un semi-remorque de lactosérum, un sous-produit de fromagerie. C'est bon pour les animaux, et c'est bon pour l'environnement. » Comme l'élevage de Michel se situe dans une région où sont implantées de nombreuses industries agroalimentaires, il compose le menu de ses cochons à la carte, en fonction des invendus des uns et des autres. Une biscuiterie lui vend les petits gâteaux cassés ou mal calibrés, une viennoiserie industrielle les croissants mal fichus. Il se fait également livrer 25 tonnes de pains de mie industriels pas assez carrés au goût des fabricants ! Grâce à ces gestes simples, que chaque

1. Entretien avec l'auteur, Ampoigné (Mayenne), automne 2009.

agriculteur pourrait imiter, il minimise l'impact de son élevage sur l'environnement et, surtout, apporte une solution efficace à ce qui ne serait, sinon, qu'un pur gâchis de nourriture.

Mais Bruxelles et nos experts français préfèrent de loin se pencher sur un éventuel retour des farines animales dans l'alimentation de nos chers cochons. Promis, juré, craché, l'époque bénie où l'on faisait manger de la farine de viande à des herbivores est révolue. En revanche, pourquoi ne pas redonner au cochon, et à la volaille, des petites doses de farines animales ?... On a bien compris que le cannibalisme, c'était mal, et qu'il fallait éviter autant que faire se peut de donner à manger du cochon au cochon, mais un petit peu de farine de carcasse de porc à des volailles et inversement, ce n'est pas un problème... Si ce n'est que, comme le soulignent les agences sanitaires, « les filières de production n'étant pas totalement hermétiques, les farines de porc et de volaille peuvent être mélangées dès leur préparation. Et être distribuées à des espèces auxquelles elles n'étaient pas destinées ». Bref, parti comme c'est, le porc va de nouveau manger de la bonne farine de carcasse de cochon...

## CHAPITRE 3

# Cochon rime-t-il avec pollution ?

Tout est bon dans le cochon, dit-on. C'est compter sans le lisier, un cauchemar né, lui aussi, de l'agriculture productiviste. Jusqu'à l'avènement du modèle hollandais, le porc avait l'heur de vivre sa vie tranquillement sur de la paille. Le cochon était heureux, et ses excréments, mélangés à la litière, fournissaient le précieux fumier, appelé par les anciens le « levain de la terre » ou encore l'« or noir des étables ». « Ce fut une richesse nationale, base de la prospérité de nos terroirs », souligne à longueur d'interventions André Pochon, paysan et fervent défenseur d'une agriculture durable. Las, les tenants du productivisme ont trouvé que ce modèle d'élevage était une perte de place, de rendement, autant dire d'argent, et qu'il était donc urgent de calquer les élevages de France sur ceux des Pays-Bas. Dommage, parce que, de l'avis même des chercheurs de l'INRA, ces cochons sur litière sont bien plus heureux et grandissent beaucoup plus vite que leurs congénères condamnés aux caillebotis. Et il faut croire que le bonheur, c'est contagieux, car leur viande est également plus goûteuse… Oui, mais un tantinet plus grasse, et surtout bien moins facile que celle des cochons industriels à travailler avec de grosses machines à découper. Il n'en fallait pas plus aux cadors de l'agriculture productiviste. La question a été tranchée fissa. Aux orties la paille, bonjour le caillebotis intégral aux lattes espacées. C'est donc sur l'autel de cette fosse nauséabonde que le lisier est né. Et que les ennuis ont commencé pour les éleveurs de porcs. Car qui dit lisier dit odeurs pestilentielles et problèmes récurrents de pollution de l'eau, donc hostilité du voisinage. Ces monstrueux stocks de merde, il faut avouer qu'on ne sait qu'en faire. Pas évident, en effet, de garder cela chez soi sans déplaire à ses voisins. Donc on épand à tour de bras, notamment en hiver, sur des terres nues. L'azote contenu dans le lisier part alors directement dans les nappes phréatiques, les rivières et la mer…

Le fumier, lui – ou plutôt le compost issu de la fermentation –, n'a pas d'odeur et favorise les vers de terre, la vie du sol, autant dire tout ce qu'éradique, sans vergogne, le lisier… On aurait pu revenir en arrière, essayer de renouer le lien avec le terroir, faire de l'élevage là où on a de la paille plutôt que de concentrer toutes les bêtes sur un territoire exigu... Cela aurait notamment évité à certaines régions, comme la Bretagne, de se retrouver noyées sous des montagnes d'excréments. Et puis, mettre le cochon sur la paille, ça présente le gros avantage d'éviter d'y mettre l'éleveur. D'après les chiffres fournis par André Pochon, l'élevage sur paille, c'est un tiers d'investissement en moins par rapport à l'industriel. C'est même moitié moins cher si l'éleveur doit retraiter son lisier, comme c'est désormais le cas dans les élevages industriels. Sans compter les économies périphériques : le hangar est ouvert, donc nul besoin de lumière électrique ni de ventilation. Le compost qui sort de la porcherie est un excellent engrais pour la terre. « On sait maintenant que le compostage élimine l'azote minéral, forme qui se lessive beaucoup plus vite que l'azote organique. Dans des zones d'excédents de déjections comme la Bretagne, on a là un moyen gratuit d'élimination de l'azote excédentaire[1]. » Cela vaudrait le coup d'essayer, non ? Pas question. Quand la France s'embarque dans une stratégie shadokienne, elle boit la coupe jusqu'à la lie.

On a contraint les élevages à se munir de fosses de retraitement du lisier. Autant dire qu'on

1. André Pochon, *Les Sillons de la colère*, La Découverte, 2006, p. 81-82.

a préféré faire à grands frais ce que l'on obtient naturellement par le compostage… Car ce retraitement est une vraie usine à gaz qui consiste en un brassage de la merde à ciel ouvert. Pour avoir visité quelques-unes de ces fosses, je peux affirmer qu'il y a de quoi tomber raide tant l'odeur qui s'en dégage est abominable. « Et puis, comme les bêtes sont sous perfusion d'antibiotiques, toutes les bonnes bactéries utiles au traitement de la merde crèvent », s'amuse René Louail, paysan et syndicaliste agricole, qui ajoute : « Et leur truc est en rade un jour sur deux[1]… » Non seulement ces équipements se sont révélés coûteux et inefficaces, mais en outre ils ont favorisé la concentration des élevages. Car pour pouvoir s'offrir ce merveilleux brasseur de déjections, mieux vaut avoir une solide trésorerie. « Autant dire que seuls les gros éleveurs pouvaient se permettre ce genre d'investissement », se remémore René Louail. À trop vouloir pomper la merde, on est arrivé à un résultat inverse de celui recherché : on a concentré sur des territoires exigus des porcheries gigantesques qui se retrouvaient par là même à devoir traiter des quantités astronomiques de lisier. Et ce avec une efficacite plus que médiocre. Vingt ans plus tard, on sait que ces systèmes ne servent à rien. Face à cet échec

1. Série d'entretiens avec l'auteur, septembre-octobre 2010.

patent, sommes-nous revenus à plus de raison ? Non. On a seulement fait passer le traitement du lisier dans une autre dimension, industrielle cette fois. Et c'est ainsi que le lisier est entré dans l'ère du gigantisme.

## *Les algues vertes, une salade qui tue*

La pollution de nos nappes phréatiques par les nitrates, ça commençait franchement à se savoir. Même l'Europe nous a réprimandés, c'est dire[1]. Pis, cette pollution désormais se voit et se sent via les effroyables algues vertes. Depuis des années, ces dernières envahissent la Bretagne, et notamment les Côtes-d'Armor (berceau de l'industrie porcine). 70 000 tonnes d'algues vertes par an, 90 000 en 2009, engendrées par les 8 à 10 millions de tonnes de lisier. La situation est si catastrophique que les écologistes ont rebaptisé la baie de Saint-Brieuc « baie des cochons ».

Cependant, à part les plaisanciers et les ostréiculteurs de la région, le problème ne semblait pas intéresser grand monde, en tout cas pas la capitale.

1. Arrêt de la Cour de justice européenne du 27 juin 2002 condamnant la France pour non-respect de la directive de 1975 sur la protection des eaux contre la pollution par les nitrates. La menace d'une amende de 28 millions d'euros pèse sur l'État français.

Jusqu'au jour de juillet 2009 où un cavalier qui se promenait à Saint-Michel-en-Grève fait un malaise à cause d'un dégagement d'hydrogène sulfuré. Tombé dans le coma, il est sauvé par l'intervention des secours, mais son cheval, lui, meurt. L'angoisse monte quand, quelque temps plus tard, le chauffeur du camion chargé du ramassage des algues à Binic meurt, lui aussi, subitement. Les algues vertes deviennent tout à coup une affaire d'État. Le Premier ministre, François Fillon, dépêché sur place, promet la mise en chantier d'un grand plan de lutte contre les algues vertes. Le 5 février 2010, on annonce en fanfare un plan de 134 millions d'euros sur cinq ans : 700 000 euros consacrés au seul ramassage des algues vertes dans huit baies bretonnes (trois dans les Côtes-d'Armor, cinq dans le Finistère). Saint-Michel-en-Grève drainerait à lui seul la moitié de l'enveloppe tant le lieu est envahi par cette détestable salade… Et le reste de l'argent ? Il va partir dans des projets de retraitement du lisier, tous plus délirants les uns que les autres. On ne cherche pas à diminuer la quantité de lisier produite, ce serait trop simple. Hors de question de remettre en cause l'élevage hors sol, les caillebotis, et donc la fabrication de millions de tonnes de lisier chaque année. L'argent public servira à tenter vaille que vaille d'essuyer les plâtres de l'élevage industriel. « Le plan d'action algues vertes est une étape supplémentaire dans l'industrialisation de la production porcine. On prend acte qu'on ne fera rien pour la faire reculer, bien au contraire. Plus on investira dans les traitements coûteux en aval, dans les traitements des algues vertes, moins on fera d'efforts en amont pour réformer notre agriculture[1] », s'emporte Gilles Huet, délégué régional de l'association Eau et rivières de Bretagne.

Les pouvoirs publics se sont donc lancés dans le financement d'usines à gaz, ou plutôt à biogaz, pour se débarrasser de ce satané problème de lisier. L'Ademe a aussitôt fait un appel à candidatures pour financer vingt projets à hauteur de 3 millions d'euros ; 60 % de l'investissement total dans ces unités de méthanisation sont pris en charge par l'État, autant dire par vous et moi. En quoi consiste cette méthanisation ? Suivons le guide, ou plutôt les guides : le ministre de l'Agriculture Bruno Le Maire et l'ancienne secrétaire d'État à l'Écologie Chantal Jouanno, venus visiter en grande pompe la première unité de méthanisation agricole de Bretagne mise en service dans un élevage porcin de Plélo, dans les Côtes-d'Armor. Alain Guillaume, l'éleveur, est ravi. Il dit à qui veut l'entendre qu'il en avait assez de passer pour un pollueur. Or, en 2007, 90 % des terres de son élevage ne répondent plus aux normes européennes

1. Entretiens avec l'auteur, octobre 2010.

sur les nitrates : les quantités de lisier sont telles qu'elles dépassent les capacités d'épandage des sols.

Désormais, grâce au génie des ingénieurs, Alain Guillaume sait ce qu'il va faire de ses 2 800 tonnes de lisier. Il en fera 510 000 mètres cubes de biogaz ! Puis le biogaz sera lui-même transformé en électricité : pas loin de 1 170 mégawatts-heure par an (soit la consommation de 390 foyers), vendue à EDF, et 1 280 mégawatts-heure de chaleur, l'équivalent en chauffage de près de 70 maisons individuelles. Magnifique ! Et, comme me le susurrait, hilare, un jeune agriculteur bio, « au moins, avec cet engin, les éleveurs industriels ont trouvé la solution pour se débarrasser des petits cochons crevards ! Hop, dans le méthaniseur, ni vu, ni connu, ça fera de l'énergie pour pas cher, et des économies sur l'équarrissage ! ». Il semblerait que l'Ademe y voie également un bon moyen de se débarrasser des déjections de nos propres marmots. Grâce au merveilleux programme « happy nappy », financé par cette vénérable institution, les couches jetables finiront, elles aussi, dans le méthaniseur à lisier… Pour l'instant, le porcelet et la couche ne sont pas inscrits dans le cahier des charges de ce terrible engin. Mais les algues vertes, oui. Celles qui pullulent à cause du lisier vont servir de carburant au méthaniseur, en même temps que le lisier. Les excréments et la pollution, enfin réconciliés sur l'autel de notre bien-être, produiront de l'électricité. Plus question de diminuer la production d'algues vertes en Bretagne : le lisier et les algues vertes permettent de générer de l'électricité dans une région qui en a toujours manqué, alors pourquoi s'en priver ?

« C'est exactement le calcul des éleveurs porcins quand ils ont proposé cela : "Voyez comme on est bien, on prend en charge notre propre pollution, donc plus de problème." Sauf qu'il y a énormément d'interrogations techniques car, avec les algues, il y aura du sable et du sel, or les industriels de la méthanisation sont hypersceptiques sur la capacité de traitement de ces algues vertes… », tempère Gilles Huet. Pour ce dernier, la plus grande escroquerie vient de la communication étatique : elle fait croire aux citoyens que la méthanisation non seulement résout les problèmes de pollution mais crée, en outre, de l'énergie. « Les pouvoirs publics ont maintenu une véritable ambiguïté en mélangeant les thématiques nitrates et énergie. La méthanisation, c'est peut-être une solution en termes d'énergie, mais cela ne résout en rien le problème de pollution aux nitrates », assène Gilles Huet. Pourquoi cela ? « Parce que le process de méthanisation du lisier n'a aucun effet sur l'azote. La totalité de l'azote entrant dans l'unité de méthanisation se retrouve en sortie. » Autant dire qu'après avoir fait fonctionner à grands frais cette énorme usine à gaz, on n'aura même pas diminué d'un iota l'azote contenu dans le lisier. Ce n'est pas tout. Le lisier, c'est 96 % d'eau. Pas terrible comme supercarburant pour le méthaniseur. Donc il faut ajouter autre chose pour que cela fonctionne. « Dans l'unité de Plélo, on ajoute 600 tonnes de maïs ensilées. Le fonctionnement de l'usine conduit à consacrer 8 hectares à la culture du maïs pour alimenter l'usine de méthanisation ! 88 tonnes de paille, et des graisses de station d'épuration », souligne Gilles Huet. Eh oui, pour faire fonctionner ce terrible engin censé faire disparaître l'azote du lisier, on fait pousser du maïs et on rajoute de l'azote. En juillet dernier, l'association Eau et rivières de Bretagne s'est livrée à un petit calcul. Elle a comparé la quantité d'azote organique épandue sur les sols du bassin versant avant et après la mise en fonctionnement de la méthanisation. Quels sont les résultats sur ce site, visité et montré en exemple en juillet dernier par notre secrétaire d'État chargée de l'Environnement ? On y trouve davantage d'azote après qu'avant ! 12 759 kilos avant méthanisation, 16 229 après. « Cela alors même que le cheptel de l'élevage a été un peu réduit (moins 12 places de truies et moins 400 porcs charcutiers produits par an). Cette augmentation s'explique par les apports de maïs, paille et surtout graisses d'épuration dans l'unité de méthanisation. Cet azote était auparavant "exporté" ailleurs », explique, dépité, Gilles Huet.

Oui, mais si l'Ademe soutient farouchement ce projet, c'est qu'au moins il génère de l'électricité et que le bilan carbone est intéressant. « Encore faut-il que ce distillat inodore reste sur place. Or l'idée des agriculteurs, c'est de l'assécher, donc de détourner de l'électricité pour le sécher, puis de l'exporter dans d'autres régions sous forme d'engrais. À votre avis, persifle Gilles Huet, il est toujours aussi bon, le bilan carbone, une fois qu'on inclut tous ces allers et retours ? Et les kilomètres parcourus sur les routes par les camions pour transporter l'engrais ? L'Ademe est entrée à fond dans le système en octroyant des conditions extrêmement favorables aux éleveurs. Non seulement elle aide le financement de ces projets à hauteur de 60 %, mais en plus elle rachète l'énergie aux éleveurs à des prix prohibitifs ! On aide la filière par les deux bouts, et tout ça pour quoi ? » regrette le délégué d'Eau et rivières de Bretagne.

Avec le lisier, on n'est jamais à court de pollution. Quand ce ne sont pas les algues vertes, ce sont les cyanobactéries d'eau douce. Autrefois appelées algues bleues, ces microbactéries se repaissent des excès d'azote et de phosphore contenus dans le lisier avant et après méthanisation. Et, bien entendu, les cyanobactéries pullulent en Bretagne. À tel point d'ailleurs que, l'an passé, l'Agence régionale de santé avait grandement déconseillé la baignade dans 41 % des sites de loisirs nautiques de Bretagne… 56 % des sites ont connu des épisodes de fortes proliférations. Ces cyanobactéries sont-elles dangereuses ? Plutôt ! Parce que la cyanobactérie emmagasine des toxines dans ses cellules. Et ces cellules se libèrent dans l'eau. Ce qui produit trois types de toxines : des dermatotoxines irritant la peau et les muqueuses, des hépatotoxines qui affectent le foie, et des neurotoxines qui s'attaquent au système nerveux. Comme toujours, les enfants sont les plus touchés par ces cyanobactéries. Autant dire que, si vous n'avez pas pu mettre un orteil dans la mer à cause des algues vertes, vous ne vous risquerez pas davantage dans les cours d'eau douce…

Restons dans les pas de nos chers ministres en charge de l'Agriculture et de l'Écologie. Lors de leur périple breton de juillet dernier, non contents d'avoir visité le méthaniseur de Plélo, ils ont inauguré l'usine de Lantic, premier site national de traitement des algues vertes. 5,6 millions d'euros, dont 80 % de crédits d'État. Cette merveille de technologie est capable de traiter 25 000 tonnes d'algues grâce à de l'air chaud impulsé par le sol. On fait fermenter tout cela en milieu clos. Comme un homme et un cheval sont déjà morts à cause de l'hydrogène sulfuré, on ne plaisante pas avec les consignes de sécurité dans l'usine. Le personnel est équipé de détecteurs d'hydrogène sulfuré et les cabines de tractopelles sont closes, avec traitement de l'air vers un filtre installé à l'arrière de l'engin. Bien sûr, les algues ne sont récoltées que fraîches (sinon, elles commencent à putréfier, et c'est là que ça devient dangereux...). Sur le papier, grâce à un traitement de quinze jours, trois semaines tout au plus, le problème algue verte aurait dû être définitivement résolu. Sauf que cette année il y en a eu moins que d'habitude. Du coup, cette magnifique usine, faite pour fonctionner avec 25 000 tonnes d'algues vertes, n'en a reçu que 4 000... Les équipements onéreux sont donc loin d'être amortis. Ce constat n'étonne en rien Gilles Huet : « L'usine de Lantic sera dans tous les cas de figure inadaptée. Cette année, elle était surdimensionnée pour traiter les 4 000 tonnes d'algues. Donc l'investissement n'est pas rentable. Et pour des années comme 2009, qui sont de très grosses années en termes d'échouage d'algues, l'usine sera sous-dimensionnée. Pourquoi ? Parce que les algues vertes n'arrivent pas régulièrement. Les échouages se font par pics, au moment des grandes marées, donc sur 5-6 jours. Or, durant ces jours-là, il y aura bien trop d'algues vertes pour la capacité d'accueil journalière de l'usine de Lantic. » En somme, les collectivités locales qui ont financé ce projet à hauteur de 20 % devront trouver d'autres solutions pour se débarrasser de ces maudites algues vertes...

## Chapitre 4

# Triste maïs

« Le maïs est celui par qui le malheur est arrivé[1] » : c'est par cette phrase lapidaire et chargée d'émotion qu'André Pochon, paysan et opposant historique à l'agriculture productiviste, commence son chapitre sur la démesure du système actuel. Pas « pop » pour un sou, ce maïs. Cela ne l'a pas empêché de conquérir le monde. Le maïs est la plante la plus cultivée de la planète, bien avant le blé. Il recouvre 140 millions d'hectares à travers le monde. Dans nos campagnes hexagonales aussi, le maïs fait un tabac, balayant sur son passage les prairies comme les champs de blé. En France, les surfaces de maïs ont été multipliées par dix en soixante ans, passant de 300 000 hectares en 1939 à 3,15 millions d'hectares aujourd'hui. Et, bien entendu, les

1. André Pochon, *Les Sillons de la colère*, *op. cit.*

rendements ne cessent de croître eux aussi. En trente ans, ils ont doublé. La France produit chaque année 16 millions de tonnes de maïs. Et, cocorico, l'Hexagone est non seulement le premier pays producteur européen, mais surtout le premier exportateur de maïs en Europe.

Pourtant, cette plante tropicale n'avait pas grand-chose à faire chez nous. En France, soit il fait chaud et il n'y a pas d'eau, soit il y a de l'eau mais il fait trop froid pour cette « belle » plante. Qu'importe ! Grâce au génie génétique de l'INRA, on a mis au point un maïs hybride (qui ne se ressème pas et dont il faut acheter les graines chaque année) capable de pousser dans toute la France. Et si le maïs a du mal à mûrir convenablement dans des régions insuffisamment ensoleillées comme la Bretagne[1], on peut tout de même le cueillir un peu vert et s'en servir pour l'ensilage. On prend le maïs, on le broie finement et on le met à fermenter dans les silos pour nourrir les vaches. Du coup, on n'a plus besoin de laisser ces ruminants pâturer sottement dans les prés, on peut les enfermer dans des espaces riquiqui pour qu'ils donnent du lait à gogo. L'ensilage donne un goût détestable au lait ? Pas de problème, tout est pasteurisé, et le consommateur n'y

1. Ainsi, les trois régions d'élevage (Pays de la Loire, Bretagne et Basse-Normandie) totalisent 60 % de la sole de maïs fourrage.

voit que du feu. D'ailleurs, le maïs remporte un franc succès chez les éleveurs bovins puisqu'il constitue 84 % des fourrages consommés. On comprend donc que le colza, le sorgho et autres pois et féveroles pèsent peu dans la balance.

Dans le Sud, bien sûr, il y a du soleil. Mais pas assez d'eau. Or, pour faire pousser un hectare de maïs, il faut 2 millions de litres d'eau chaque année. L'équivalent de la consommation de 40 Français. Comment se fait-il alors que le grand Sud-Ouest (le Sud-Ouest et notamment l'Aquitaine, le Midi-Pyrénées et Poitou-Charentes) représente 40 % des surfaces de maïs grain en France ? Par le miracle de l'irrigation. Et, par bonheur, la politique agricole commune a arrosé copieusement l'irrigation intensive des années durant. 134 millions ont ainsi été versés en 2005. Résultat ? « La France a connu la plus forte croissance de terres irriguées de toute l'Union européenne : 25 000 hectares de plus par an entre 1961 et 1980, 48 000 entre 1980 et 1996, et 59 000 dans les années 1990[1] », explique Pierre Boulanger, économiste au Groupe d'économie mondiale de Sciences Po. Selon un récent rapport sur l'eau rédigé par le Conseil d'État[2], si les surfaces irriguées ont été multipliées par trois entre 1970 et 2000 pour atteindre entre 1,5 et

1. *Policy Brief*, GEMPB-2007, 4 septembre 2007.
2. « L'eau et son droit », juin 2010.

1,8 million d'hectares, elles devraient encore continuer à croître puisque, dans *Objectif terres 2020. Pour un nouveau modèle agricole*, le ministère de l'Agriculture chiffre à 3 millions d'hectares la surface irriguée en France (soit 10 % de la SAU).

Et pourquoi s'arrêter en si bon chemin ? Grâce à Bruxelles, irriguer, ça paie, et même beaucoup mieux que de ne pas irriguer du tout. Un petit exemple d'incongruité européenne ? « Un producteur de céréales de la Vienne (Poitou-Charentes) reçoit moins de 340 euros par hectare non irrigué, mais plus de 530 euros s'il irrigue ces mêmes cultures – soit 56 % de plus par hectare irrigué », assène, effondré, Pierre Boulanger. Bruxelles a inventé la prime au moins écolo. Plus tu pompes, plus tu gagnes. Si l'agriculteur essaie de faire bien, vertueux, sans consommer trop d'eau, on le pénalise sans hésiter. Toutes ces aides à l'irrigation ont profité au maïs à 80 %…

« Je vais te raconter l'histoire officieuse de ces aides, comme je l'ai fait d'ailleurs devant les agriculteurs du Sud-Ouest, s'amuse ce jeune syndicaliste agricole. Les primes à l'irrigation sont le fruit d'un lobbying effréné des irrigants. Elles ont donc été créées par et pour les irrigants. Pourquoi Bruxelles a accepté ? Parce que le maïs irrigué devait servir à nourrir les canards dans le cadre de petites exploitations de polyculture et d'élevage. » La suite est prévisible. Le maïs est devenu un business en soi. « Les prairies ont toutes été labourées, les zones humides asséchées, pour faire du maïs à gogo que l'on exporte en Espagne ou ailleurs pour nourrir les cochons ou, pis encore, pour faire de l'amidon industriel… »

Mais ces primes sont de l'histoire ancienne depuis 2003, me direz-vous ? Officiellement, oui. Officieusement, pas vraiment. En fait, on a noyé les primes d'irrigation dans d'autres aides. Et comme il était, une fois encore, hors de question de tout remettre à plat, on s'est contenté d'un petit toilettage permettant, ni vu ni connu, de reconduire discrètement des aides importantes aux irrigants historiques. Bref, par la magie de la politique shadok, on ne paie plus pour l'irrigation intensive, mais on donne quasiment les mêmes montants qu'avant à ceux qui irriguent intensivement… Le Conseil d'État est formel : si la culture du maïs est de loin la plus rentable, c'est parce qu'elle a été encouragée par le maintien partiel des aides à l'irrigation, renforcé par un savant calcul qui donne une prime à ceux qui les touchaient jusque-là… « Il n'est dès lors guère surprenant qu'un rapport récent ait mis en évidence l'échec des aides à la désirrigation », conclut, lapidaire, cette noble institution.

En résumé, il faudrait être fou pour renoncer à l'irrigation intensive, cette technique qui améliore les rendements, sécurise les revenus des agriculteurs et permet de percevoir plus d'aides. Pourtant, il est urgent de le faire tant les chiffres fournis par le Conseil d'État font froid dans le dos. Le poids de l'irrigation dans les prélèvements d'eau se situerait entre 79 % et 71 % pour les Régions Poitou-Charentes, Provence-Alpes-Côte d'Azur, Aquitaine, Centre, Midi-Pyrénées, Languedoc-Roussillon. Les trois quarts de l'eau prélevée pour l'irrigation sont d'origine superficielle. Or 80 % de ces prélèvements ont lieu l'été, c'est-à-dire au moment où pousse le maïs, mais aussi en pleine période d'étiage des cours d'eau... Selon le Conseil d'État, « durant les années sèches, les volumes consommés par l'agriculture irriguée peuvent atteindre 85 %, et même 95 % dans certains bassins versants où l'irrigation occupe une grande place ». Et, contrairement aux pays du Sud, comme l'Italie, l'Espagne, le Portugal ou la Grèce, la France ne s'est pas convertie aux formes durables d'irrigation, comme le goutte-à-goutte ou le micro-jet, qui permettent pourtant de doubler la productivité et de diviser par trois la consommation d'eau. De l'avis même du Conseil d'État, « l'irrigation française fait appel aux techniques les plus dispendieuses en eau et les moins efficaces, pour plus de 90 % de la surface agricole utile... ».

Les effets pervers de ces pratiques agricoles subventionnées par les aides ne se sont pas fait attendre. L'économiste Pierre Boulanger dresse un parallèle entre les régions qui irriguent le plus et celles qui sont le plus souvent touchées par la sécheresse et pour lesquelles les pouvoirs publics sont contraints d'édicter des restrictions d'eau. Comme on peut s'y attendre, celles qui irriguent le plus sont aussi les plus touchées par le manque d'eau. « Les 20 départements les plus gros bénéficiaires de primes à l'irrigation ont un indice de restriction presque deux fois plus élevé que celui des 72 autres départements[1] », démontre-t-il, chiffres à l'appui.

Il rappelle également les effets néfastes de ces primes sur d'autres activités économiques, comme l'ostréiculture. « Des problèmes rencontrés par les ostréiculteurs du bassin de Marennes-Oléron sont en grande partie dus à la pollution, mais également à la raréfaction de l'eau de deux fleuves (la Seudre et la Charente) dans une région où la surface irriguée totale a été décuplée au cours de la période 1961-1996, la plus forte augmentation de tout le territoire français. »

Que font les pouvoirs publics en cas de sécheresse ? Le Fonds national de garantie des calamités agricoles (FNGCA) verse de l'argent aux agriculteurs sinistrés. En 2005, la somme s'élevait à près de 238 millions d'euros. En 2003, durant la sécheresse, elle a atteint 582 millions d'euros… quand les primes à l'irrigation étaient, cette même année, de 148 millions d'euros. On verse de l'argent pour irriguer, ce qui entraîne des

1. *Policy Brief*, GEMPB-2007, 4 septembre 2007.

restrictions d'eau, puis on paie pour aider les agriculteurs durant la sécheresse. Shadok un jour, Shadok toujours.

Le maïs n'est pas bon pour les quantités d'eau consommées, mais il n'est pas bon non plus pour la qualité de l'eau. Le dernier rapport de la cellule d'orientation régionale pour la protection des eaux contre les pesticides en Bretagne[1] énonce, dans un inventaire à la Prévert, la longue liste des herbicides versés sur le maïs et retrouvés dans l'eau : diméthénamide, acétochlore, métolachlore, et, plus curieux, alachlore et atrazine, pourtant tous deux interdits. L'atrazine a été durant quarante longues années la molécule magique, massivement utilisée pour faire pousser le maïs. En 2000, c'était encore la molécule la plus vendue de la région Poitou-Charentes, qui en épandait allégrement 125 tonnes par an. « L'interdiction date de 2003, rappelle Cyrille Deshayes, responsable du pôle "Eau douce" au WWF France, mais on continue pourtant d'en retrouver partout, non seulement parce que c'est un produit persistant, mais parce qu'on a longtemps autorisé les agriculteurs à écouler leurs stocks plutôt que de les leur racheter. » Bref, on interdit sans interdire, tout en se montrant coulant. « Un récent rapport des pou-

1. Rapport Corpep, 26 mars 2010.

voirs publics datant de 2005 relevait qu'un tiers des fraudes sur les produits phytosanitaires concernait l'atrazine », conclut Cyrille Deshayes.

C'est d'autant plus ballot d'arroser autant les cultures de maïs qu'il s'agit en fait d'une plante naturellement assez robuste. « Il est très facile de cultiver le maïs en bio, ce n'est pas une plante exigeante, elle devrait même être assez rustique si on ne l'avait pas fragilisée en privilégiant systématiquement le rendement sur la résistance », peste cet expert du WWF.

Mais le maïs n'est pas seulement synonyme d'herbicides, il l'est également de nitrates, dont cette plante est forte consommatrice. Sauf que, comme le rappelle André Pochon, la culture du maïs laisse la terre à nu d'octobre à juin. Pendant ces mois-là, la terre est lessivée et, avec elle, les nitrates qui vont polluer nappes phréatiques et cours d'eau. C'est d'ailleurs parce qu'elle avait constaté ce phénomène que Vittel, voyant « le taux de nitrates monter inexorablement dans ses eaux minérales, décida en 1995 d'interdire aux éleveurs la culture du maïs dans son périmètre de protection des sources[1] ». En cinq ans, le taux de nitrates est passé de 78 à 24 milligrammes de $NO_2$ par litre…

Avec 5 % seulement de la surface agricole utile, la Bretagne concentre donc 420 000 hectares de

1. André Pochon, *Les Sillons de la colère*, *op. cit.*, p. 27-28.

maïs, 60 % des élevages de porcs, 45 % de volailles et 30 % de veaux. Autant dire qu'elle draine toute la pollution de l'agriculture… Sans l'argent ! Aux Bretons les algues vertes, aux autres régions les revenus du cochon pour en faire du jambon ! Si le reste de la France affiche une valeur ajoutée agricole de 48 %, la Bretagne plafonne à 32 %…

Par ailleurs, la culture intensive du maïs a complètement modifié, voire saccagé, le paysage agricole français. Finis les talus, aux oubliettes les haies, il faut désormais de l'espace pour faire place aux machines gigantesques permettant de cultiver des hectares et des hectares de maïs. Les paysages bocagers s'effacent devant les plaines. Et plus aucun obstacle naturel ne peut donc contenir les inondations ou la violence de certaines tempêtes.

### *Qui dit maïs dit soja !*

Le cocktail détonant, le pot belge des animaux d'élevage hors sol, c'est un mélange de maïs, riche en énergie, et de soja, riche en protéines. Rien de tel pour faire grandir les bêtes dans des espaces réduits à la vitesse de l'éclair. Mais qui cultive le soja ? Le Brésil et l'Argentine, qui l'exportent massivement pour nourrir le bétail des pays occidentaux. Bien entendu, cette monoculture se fait au détriment des cultures vivrières qui permettaient jusque-là aux paysans locaux de survivre. Paupérisation et exode sont devenus le lot quotidien des populations rurales, expulsées de leurs terres par de grands propriétaires. « Diminution du nombre d'emplois agricoles, main-d'œuvre exploitée, conflits de territoire avec les communautés indiennes, la liste des maux engendrés par les cultures de soja est longue, soupire Boris Patentreger, chargé du programme "Conversion forestière" au WWF France. Sans compter que la culture du soja pose également des problèmes de santé publique du fait des épandages toxiques de produits phytosanitaires par avion. »

Mais, que l'on se rassure, notre mauvaise conscience occidentale ne freine en rien nos importations de soja puisque, d'après les études réalisées par le WWF France, depuis dix ans la France importe en moyenne 4,7 millions de tonnes de soja brésilien et argentin, destinées à 90 % à l'alimentation de notre bétail. Juste un chiffre. Notre consommation de viande exige une surface de soja de 385 mètres carrés par habitant. Du coup, en Amérique du Sud, on s'adapte. Et, en dix ans, la culture du soja a doublé. Pour faire un peu de place à cette plantation, on a allégrement déforesté. « La culture du soja a non seulement participé directement à la déforestation de près de 1 million d'hectares de forêt amazonienne, mais en outre le soja pousse les autres plantations toujours plus à l'intérieur de l'Amazonie, qui a déjà perdu près d'un cinquième de sa surface », souligne Boris Patentreger. 93 % de la forêt atlantique a disparu. La moitié de la végétation du Cerrado, une savane tropicale recouvrant le quart du Brésil, est partie en poussière. Or l'écosystème du Cerrado regroupe plus de 4 000 espèces végétales et 1 500 espèces animales endémiques. La déforestation continue à un rythme effréné de 3,7 millions d'hectares par an au Brésil, en Argentine, en Bolivie et au Paraguay. Pour répondre aux besoins des pays industrialisés, ces pays brûlent leurs forêts. Ce qui fait du Brésil le quatrième plus grand émetteur de gaz à effet de serre au monde. Par ailleurs, la monoculture appauvrit énormément les terres. « Dénudés, les sols sont livrés au soleil direct, érodés par les pluies et compactés par les machines. Les ressources hydriques sont très perturbées : crues soudaines des rivières par ruissellement, ensablement, pollution de l'eau par des résidus de pesticides et d'engrais », énumère Boris Patentreger. Non contents d'avoir dévasté nos paysages, nous participons indirectement au saccage de ceux des pays pauvres.

### *Le cocktail maïs-soja, ça fait péter (et roter) les vaches !*

On a fait couler, à tort, beaucoup d'encre sur les pets des vaches. En réalité, le problème résiderait plutôt dans les rots de ces ruminants, qui contribueraient, l'air de rien, à 18 % des émissions de gaz à effet de serre… Il faut dire qu'à force de lui faire ingurgiter du maïs fermenté, la pauvre bête pète et rote comme un soudard. Pas de quoi sourire, puisque 70 % des émissions de méthane de l'Europe proviennent des fermentations digestives des herbivores. Mais comme la durée de vie du méthane dans l'atmosphère n'est que de douze ans contre cent vingt pour le gaz carbonique, rien n'est perdu, tout est réversible. Il est donc urgent de se pencher sur les émissions de méthane de ces pauvres bêtes. C'est ce qu'ont fait, voilà deux ans, les équipes de l'INRA de Clermont-Theix. Les essais menés sur les vaches laitières de la station expérimentale ont montré qu'un apport de 6 % de lipides issus de la graine de lin diminuait la production de méthane des animaux de 27 à 37 %.

En outre, le lin, c'est bon pour les bêtes. « D'ailleurs, les anciens en donnaient à leurs animaux pour renforcer leur immunité dans des périodes critiques comme le vêlage[1] », souligne Jean-Pierre Pasquet, éleveur de vaches laitières à Châtillon-en-Vendelais et coprésident de l'association Bleu-Blanc-Cœur, qui a mis en avant la nécessité de rééquilibrer nos assiettes, lesquelles

---

1. Série d'entretiens avec l'auteur, automne 2009.

manquent aujourd'hui cruellement d'oméga 3. « Le lin contient des oméga 3, mais il y en a aussi sous nos pieds, dans l'herbe. Sauf que l'herbe, les vaches n'en voient plus la couleur depuis qu'elles sont enfermées et mangent à longueur de journée du maïs et du soja, regrette l'éleveur. J'en ai parlé aux anciens, ils m'ont dit : "T'as rien inventé, petit, on savait déjà qu'avec du lin, une bonne herbe, les vaches n'avaient pas besoin de vétérinaire !" »

Ces intuitions sont confirmées par les études cliniques menées par les chercheurs de l'INRA. Ils se sont notamment aperçus que, en donnant un peu plus d'oméga 3 aux truies, on réduisait considérablement la mortalité du porcelet. Mieux, pendant le sevrage, période critique s'il en est, le petit cochon n'avait plus besoin d'antibiotiques… Les bêtes se portent mieux, on a moins besoin de les traiter, on économise en frais vétérinaires… Alors pourquoi le lin ne recouvre-t-il pas les plaines de France ? « On est loin du compte[1] ! » s'emporte Pierre Weill, président de Bleu-Blanc-Cœur et directeur de Valorex, une usine d'aliments pour animaux qui met le lin à l'honneur. « Imaginez-vous qu'il y a un siècle à peine il y avait encore 300 000 hectares de lin en Bretagne. Aujourd'hui, si on regroupe la France et l'Angle-

1. Série d'entretiens avec l'auteur, automne 2009-automne 2010.

terre, on arrive péniblement à 30 000 hectares de lin. » Pourquoi ce désamour ? « Ce sont les conséquences directes du système de production de masse mis en place après la Seconde Guerre mondiale. À ce moment-là, on a simplifié à outrance les systèmes de culture pour créer des boulevards de l'alimentation. On a valorisé toutes les plantes qui fournissaient le plus à l'hectare. La plante la plus riche en énergie, c'est le maïs. Celle qui fournit le plus de protéines à l'hectare ? Le soja. Pour les calories ? Le palme est imbattable. Une bonne dose d'engrais, de pesticides et d'herbicides par-dessus, et la boucle était bouclée, le cercle vicieux installé. » Et si ces plantes font un tel tabac, c'est effectivement parce qu'elles offrent un rendement imbattable. « Faites simplement la comparaison. Le palme, massivement présent dans les auges comme dans les assiettes, c'est 6 tonnes d'huile à l'hectare. Le colza et le lin, une tonne. On ne peut pas se battre. Le maïs, c'est 100 quintaux à l'hectare. Bien entendu, la protéine la moins chère, c'est incontestablement le soja. » Bref, les calories de maïs coûtent moins cher que l'herbe, l'huile de palme moins cher que le lin, et le soja moins cher que le lupin.

« C'est comme ça que toutes les petites céréales disparaissent au profit du maïs et du soja... », soupire Pierre Weill. Et de regretter les temps anciens où les champs s'égayaient au printemps de tonalités bigarrées. « Il n'y a plus de couleurs dans les champs, il n'y a plus de diversité dans les auges, le système s'est appauvri et l'on est obligé de compenser ces carences à grands coups d'additifs chimiques. Un aliment pour poulet, c'est 4 denrées végétales et 30 additifs. Pourquoi ? Parce qu'on doit gaver ces bêtes d'enzymes pour qu'elles puissent digérer des céréales qu'elles ne devraient pas manger ! Au final, l'éleveur de poulets, comme celui de porcs, ou de vaches, ne gagne plus un sou. Par contre, ceux qui vendent les additifs, eux, ils font de l'or ! Regardez les plus gros stands du Space, ce sont ceux tenus par les vendeurs de louzou, de saloperies chimiques. » Comme s'il était désormais passé dans les mœurs des éleveurs de payer cher pour médicaliser leurs bêtes à longueur d'année, que ce soit via les additifs ajoutés à leur alimentation ou via les médicaments grâce auxquels on les maintient en vie. Pourquoi pas ? Il est aussi passé dans les usages d'acheter cher des semences qui non seulement ne se ressèment pas, mais sont très dépendantes des herbicides, des engrais et des pesticides. Un éleveur, lucide, souligne le cercle vicieux dans lequel est aujourd'hui enfermé l'agriculteur. « Si demain ma coopérative me disait "fais du lin", elle diviserait son chiffre d'affaires par trois. Pourquoi ? Parce que c'est une culture qui ne nécessite aucun traitement et qu'elle ne me vendrait donc ni herbicides, ni pesticides, et que je n'aurais quasiment pas besoin d'engrais. Par ailleurs, les semences de lin sont plus chères que celles de maïs, ou de soja, et le rendement est moins bon. » « Tant que les coopératives gagneront plus de fric à vendre du phyto qu'à nous proposer des semences adaptées à nos besoins, on ne s'en sortira pas ! » peste Mickaël Poillion, jeune agriculteur du Nord-Pas-de-Calais. « Le technicien qui te vend un hectare de maïs, il se fait trois fois plus de sous avec ça qu'avec du lin. Il vend beaucoup plus de produits phyto, d'engrais, et donc, pour lui, le lin n'est pas rentable puisque cette culture ne lui permet pas de se prendre les mêmes marges qu'avec le maïs ou le soja », regrette Jean-Pierre Pasquet. Dans le monde merveilleux des coopératives, le technicien qui vient « prescrire » des ordonnances de produits phytosanitaires, autant dire de pesticides, d'herbicides et d'engrais, est rémunéré pour partie au pourcentage. Plus l'agriculteur qu'il conseille arrose ses champs de produits chimiques, mieux le technicien gagne sa vie. Voilà qui ne peut que l'inciter à la modération…

« Et puis, avec le colza, le soja, il y a la filière du biodiesel et la filière de l'huile. Bref, en récupérant les tourteaux, on devient les poubelles de l'industrie. Faut pas être dupe, c'est le fait que nos bêtes ingurgitent de la merde qui leur permet de maintenir leur équilibre ! La bonne huile de colza, elle part dans le commerce, et nous on rajoute de l'huile de palme dans la bouffe de nos animaux parce que cette huile est moins chère. Et tout le monde se fout que ce soit une catastrophe nutritionnelle ! » s'emporte encore Jean-Pierre Pasquet. De fait, c'est bien parce que l'intégralité de l'argent de la recherche, des coopératives, des semenciers, des fabricants de produits phytosanitaires a été investi dans ces filières qu'elles sont devenues rentables. Toute l'industrie agroalimentaire, comme celle des agrocarburants, s'est construite autour de ce système pourtant absurde. « Ils ont mis tellement d'argent dans le maïs que c'est devenu hyperéconomique, regrette Mickaël Poillion. Mais attention, parce qu'il faut prendre en compte tout le reste. Le maïs, ça t'oblige à acheter du soja, des additifs pour des bêtes. Et ça a un coût. Fais tes comptes : le maïs, ça devient bien moins intéressant quand le prix du pétrole flambe, parce qu'alors le prix de l'engrais atteint des sommets. Quant au soja, il fait le yo-yo suivant les fluctuations du marché international. » Mickaël a fait son choix. Il sème du méteil, un mélange de plantes : triticale, avoine, pois, vesce. « Pois et vesce sont des légumineuses, c'est ce qui apporte les protéines, ça me permet de réduire le soja, donc son binôme, le maïs. Comme c'est une culture qui étouffe, il n'y a pas de mauvaises herbes dans mes champs. Je ne suis pas contraint de faire du désherbage ni d'ajouter d'azote, déjà naturellement présent dans ces plantes, et notamment dans la luzerne. Et bien sûr, comme je sème différentes espèces dans un même champ, je n'ai pas de maladies, donc je ne traite pas. » En Suisse, un essai a même démontré que la culture de vesces d'été entre un blé et un maïs réduisait considérablement le lessivage de nitrates en hiver[1].

Si c'est bon pour les sols, bon pour les bêtes, bon pour l'agriculteur, pourquoi tous ne se sont-ils pas convertis à ces plantations ? « Il faudrait changer les mœurs, les habitudes, et faire, comme le voudrait d'ailleurs le commissaire européen à l'Agriculture Dacian Ciolos, un grand plan protéines pour relancer les plantes fourragères locales », suggère Mickaël. En croisant les doigts pour que cette aide ne soit pas encore une fois détournée de ses buts initiaux et qu'elle ne serve pas à transformer la Roumanie en une grande plaine de soja… « C'est pour cela qu'il faudrait reterritorialiser les aides. Trop souvent, les aides versées par Bruxelles sont détournées de leurs vocations initiales. On permet aux éleveurs du Sud-Ouest d'irriguer leur maïs pour nourrir leurs canards. Et on se retrouve à gérer un énorme business sur le maïs irrigué, devenu plus rentable que le foie gras. Alors attention. Car si demain on fait un plan protéines, il faudra effectivement veiller à ce que tout l'argent

1. W.G. Sturny, « Konservierende Bodenarbeitung und neue Sätechnik – Wechselwirkungen auf Boden und Pflanzen », *Landwirtschaft Schweiz.*, 1, 3, 1988, p. 141-152.

de Bruxelles ne soit pas utilisé à transformer la Roumanie en Argentine européenne… Cela dévoierait totalement l'esprit de cette initiative », conclut, lucide, le jeune agriculteur. Un détournement qui, s'il devait avoir lieu, n'arrangerait en rien les dégâts causés sur la nature, comme sur les humains, par le régime universel maïs-soja.

Mais ne jetons pas la politique agricole commune avec l'eau du bain. Parfois Bruxelles a de bonnes idées. Notamment celle de relancer, en les aidant financièrement, les cultures de lupin, de féveroles et de pois. Le soja est une plante si merveilleuse qu'on a bouté hors de nos champs tous ces bons protéagineux dont on comptait, en France, 450 000 hectares en 2003, contre moins de 200 000 hectares en 2008. L'Europe importe plus de 72 % de ces protéines, et essentiellement du soja. Nos élevages se trouvent ainsi dépendants des cours des marchés internationaux. Dommage. Non seulement pour l'économie de nos élevages mais pour notre environnement, parce que pois, féveroles et lupin sont les protéines écolos par excellence. Elles fixent l'azote de l'air et n'ont pas besoin d'engrais azotés. Elles poussent en bio, comme du chiendent. Bref, elles enrichissent les sols sans avoir besoin de les fertiliser et, cerise sur le gâteau, elles ne sont pas très gourmandes en eau. Eurêka, Bruxelles, relayée par l'ancien ministre de l'Agriculture Michel

Barnier, a enfin décidé en 2009 de les subventionner. Il ne reste plus qu'à convaincre les agriculteurs… et les techniciens des coopératives. Compliqué, mais pas impossible. D'autant moins, d'ailleurs, que l'argent des primes commence, cette année, à tomber.

Il est vrai qu'à de rares exceptions près on s'ingénie à appliquer bêtement des méthodes de Shadoks qui appauvrissent les paysans, fragilisent les sols et les bêtes et qui, en outre, ont un impact négatif sur notre santé. Comme l'explique fort bien Pierre Weill, il y a « un lien entre les terres brûlées de nos champs et les cellules enflammées de nos corps. Entre ce qui se passe dans le sol et dans les cellules de notre organisme ». Chaque fois que l'on augmente les rendements et que l'on tente de faire des économies à l'hectare, on accroît mécaniquement les oméga 6 tout en diminuant les oméga 3. C'est mathématique. « Les oméga 6 sont contenus notamment dans le maïs qui est ingéré en grandes quantités par les animaux d'élevage, dont l'homme se nourrit à son tour (la moitié des lipides que nous consommons proviennent de la viande et des produits laitiers). Les oméga 3, quant à eux, sont présents essentiellement dans l'herbe, les graines de lin, le colza et les poissons gras comme le saumon, la sardine ou le maquereau », résume Gérard Ailhaud, professeur des universités à l'Institut de signalisation, biologie du développement et cancer (CNRS/Université de Nice-Sophia-Antipolis).

Le soja et le maïs sont écologiquement incorrects : le premier a fait des milliers de kilomètres et augmente la déforestation des pays les plus pauvres ; le second, lui, pompe trop d'eau. Mais en outre, comme ils sont truffés d'oméga 6, ils déséquilibrent les graisses de nos œufs, de notre viande et de nos produits laitiers. Car ce que mangent les animaux que l'on mange a une incidence directe sur notre santé. Or tous les animaux des élevages industriels sont nourris par ce cocktail de céréales.

En quarante ans, la consommation d'oméga 6 en France a augmenté de 250 % alors que celle d'oméga 3 a chuté de 40 % environ. En résumé, on mange deux fois trop d'oméga 6 et on devrait manger deux fois plus d'oméga 3. Le rapport oméga 6/oméga 3 doit être inférieur à 5 pour 1. De fait, pour pouvoir être utilisés par l'organisme, les acides gras oméga 6 et oméga 3 entrent « en compétition », car ils sont métabolisés par un même type d'enzyme. Celui qui est apporté en excès sera immédiatement plus utilisé que l'autre. Il faut donc une consommation équilibrée d'oméga 3 et d'oméga 6. Ce qui n'est pas du tout le cas aujourd'hui puisque nous, Français, mangeons 15 oméga 6 pour 1 oméga 3 – et les Américains 40 oméga 6 pour 1 oméga 3.

« De nombreuses études cliniques ont démontré que les oméga 6 sont l'un des moteurs les plus puissants de l'inflammation, et les oméga 3 l'un des moteurs les plus actifs de l'anti-inflammation. Or l'inflammation précède l'infarctus, certains cancers, le diabète… », regrette Pierre Weill. D'ailleurs, depuis une quarantaine d'années, les recommandations nutritionnelles faites dans le cadre de la prévention de l'athérosclérose et des maladies cardio-vasculaires consistent à préconiser la réduction des lipides totaux et saturés et l'augmentation des lipides insaturés. Ainsi, pour des raisons essentiellement agricoles et industrielles, et à cause d'un manque de connaissances médicales en nutrition, nous avons privilégié les graisses polyinsaturées à base d'oméga 6 aux dépens de celles qui nous procurent des oméga 3.

Cerise sur le gâteau, le déséquilibre oméga 3-oméga 6 fait aussi grossir. Le professeur Gérard Ailhaud et son équipe se sont penchés sur ces problématiques durant de longues années[1]. Des recherches in vitro puis in vivo sur les souris ont permis des extrapolations à l'homme. Gérard Ailhaud cherchait à savoir si le déséquilibre que l'on constate dans notre régime alimentaire entre les oméga 3 et les oméga 6 avait une incidence sur la santé. Plusieurs recherches lui mettent la puce à l'oreille, et notam-

1. Entretien avec l'auteur, octobre 2010.

ment une, menée en 1986 par une équipe américaine. Durant cinq ans, les chercheurs ont suivi une centaine de vieillards vivant dans des hospices. Leur nourriture était parfaitement comptabilisée, tous mangeaient les mêmes quantités d'aliments pour un nombre équivalent de calories. La seule variable qui différenciait leurs régimes était le rapport oméga 3/oméga 6. Conclusion sans appel : ceux qui avaient le régime oméga 3 ont maigri alors que ceux qui avaient le régime oméga 6 ont grossi. Seconde sonnette d'alarme : une étude menée par le professeur Philippe Guesnet, de l'INRA, sur la composition du lait maternel. Entre 1950 et 1995, aux États-Unis, la proportion d'oméga 6 contenu dans le lait de la mère est passée de 6 à 18 % alors que celle d'oméga 3 stagnait à 1 %. « Les gens qui sont nés dans les années 1950 et qui étaient alimentés au sein, explique le chercheur, buvaient un lait qui contenait trois fois moins d'oméga 6 que celui des enfants d'aujourd'hui. La question était donc de savoir ce qu'engendre cet excès d'oméga 6. Au mieux, il est neutre, au pire, il a des conséquences. » Et ces excès, nous les subissons tous depuis la première tétée de lait maternel jusqu'à notre dernier morceau de viande. « Ces quarante dernières années, les Français ont consommé 40 % de lipides en plus, et ce essentiellement à cause de deux facteurs : la consommation accrue d'huile végétale et la modification de l'alimentation animale, qui s'est traduite par un enrichissement substantiel des principaux aliments en oméga 6 », souligne cet éminent scientifique.

Donc, nous sommes gavés d'oméga 6, c'est un fait. Nous grossissons, c'en est un autre. Le professeur Ailhaud tombe alors sur une étude américaine très surprenante. Des chercheurs ont suivi des enfants de 6 à 11 mois ayant un indice de masse corporelle élevé. « Des bébés, donc, pour lesquels on ne peut pas invoquer le manque d'exercice physique ou l'augmentation des portions avalées, comme on le fait constamment pour expliquer la pandémie d'obésité actuelle. » Conclusion ? En dix ans, le degré d'adiposité de ces enfants a doublé. Autant dire que les marmots se sont mis à faire du gras comme des fous. Gérard Ailhaud en conclut : « Il n'est donc pas exclu que les conditions nutritionnelles des dernières décennies aient conduit à favoriser un développement excessif de la masse adipeuse. » En clair, il est probable que le déséquilibre oméga 6/oméga 3 nous fasse faire du gras.

« On décide alors, avec mon équipe, de reproduire une situation qui imite l'obésité humaine, poursuit le chercheur. Dans une famille, le père, la mère et les enfants mangent approximativement la même chose. Puis les enfants grandissent et transmettent leurs goûts alimentaires à leurs propres enfants. » L'idée est de suivre sur quatre générations des souris nourries avec un régime alimentaire de type occidental, caractérisé par les mêmes rapports oméga 6/oméga 3 que ceux que nous subissons au quotidien. « On a donné cette nourriture aux souris femelles et mâles qui ont fait des petits, ces petits ont tété le lait maternel dont la composition reflète ce que mange la mère. Quand les petits ont été sevrés à trois semaines, ils étaient, à leur tour, soumis au même régime que leurs parents, et l'on a reproduit l'expérience sur quatre générations. » Conclusion, publiée en juillet 2010 dans le volume 51 du prestigieux *Journal of Lipid Research* : les souris ont fait du gras. Pis, chaque génération de souris avait plus de gras que la précédente : la souris grossissait, mais en plus elle refilait ses cellules adipeuses à la génération suivante, qui grossissait encore davantage, etc. Les souris devenaient donc de plus en plus grasses de mère en fille… Et ce sans manger plus. Le professeur Ailhaud a également constaté l'apparition de troubles métaboliques comme l'insulinorésistance, qui est la première étape vers le développement du diabète de type 2, et la stimulation de l'expression de gènes de nature inflammatoire impliqués dans l'obésité. Donc non seulement les souris grossissent, mais elles transmettent les gènes de l'obésité à leur progéniture…

D'ailleurs, Gérard Ailhaud n'y va pas par quatre chemins : un régime à l'occidentale entraîne, selon lui, une augmentation graduelle de l'obésité d'une génération à l'autre. Le chercheur est catégorique. Ce n'est pas un hasard si, en quarante ans, dans nos sociétés, les oméga 6 ont explosé de 250 % parallèlement à une épidémie d'obésité : « Au cours de cette même période, l'alimentation des pays industrialisés est marquée par une augmentation quantitative des calories ingérées (les lipides représentant 35 à 40 % des apports nutritionnels) et par un contenu élevé en acide linoléique (oméga 6) et faible en acide alpha-linolénique (oméga 3). Ainsi, sur une population animale génétiquement stable, l'exposition à une alimentation rappelant celle des pays développés suffit à faire émerger une obésité transgénérationnelle, en accord avec les données collectées chez l'homme. »

« On est passé d'un problème de recherche fondamentale à un problème de santé publique », poursuit le professeur Ailhaud. Or, pour stabiliser la masse adipeuse, il suffit de rétablir cet équilibre. « Prenons un même régime alimentaire, à calories égales : si l'on passe le rapport oméga 6/oméga 3 de 50 à 2, on stabilise la masse adipeuse. » Voilà qui devrait faire réfléchir tous les gros de l'agro qui continuent de nourrir allégrement nos bêtes de maïs. À moins qu'ils ne connaissent déjà ces recherches et refusent de changer l'alimentation du bétail pour une simple affaire de gros sous. Petit détail intéressant : les oméga 6 engendrent une métabolite qui s'appelle l'acide arachidonique. Or une étude de 2000 démontre que, sur le porcelet de 5 jours, un ajout de 0,5 % d'acide arachidonique entraîne en deux semaines une prise de poids de 27 %[1]. Bref, gaver les bêtes d'oméga 6 les fait grossir plus vite ! Le problème, c'est que nous grossissons avec elles.

La boucle est bouclée. Le maïs, c'est mauvais pour la terre, mauvais pour l'environnement, mauvais pour l'eau, mauvais pour les bêtes, cela favorise l'inflammation et donc sans doute le cancer, et cela fait grossir… On ne voit pas pourquoi on s'arrêterait en si bon chemin, après avoir démontré tous les bénéfices de cette politique de Shadoks.

Alors, comment rééquilibrer notre alimentation en oméga 3 ? « Vous pouvez croire à l'aliment miracle et faire n'importe quoi[2] », ironise Jacques Mourot, directeur de l'unité de recherche « Systèmes d'élevage, nutrition animale et humaine » de l'INRA de Saint-Gilles. Dans un récent article[3], il s'est amusé à chiffrer la quantité d'aliments prétendument vertueux qu'il serait impératif de

1. H. A. Weiler, « Dietary supplementation of arachidonic acid is associated with higher whole body weight and bone minela density in growing pigs », *Pediatr. Res.*, 47, 2000, p. 692-697.

2. Entretien avec l'auteur, automne 2009.

3. « Consommer davantage d'acides gras n-3 sans modifier nos pratiques alimentaires ? », *NAFAS*, vol. 7, n° 4, août 2009.

manger quotidiennement pour avoir sa « dose » d'oméga 3. Accrochez-vous. Il faudrait ingurgiter, au choix, 8 à 12 kilos de poisson maigre, 90 à 300 douzaines d'huîtres (suivant qu'elles sont creuses ou plates), ou encore 40 douzaines de bulots. Indigeste. « On comprend bien alors qu'il faut radicalement changer la façon dont sont nourris nos animaux d'élevage pour s'éviter ce pensum », conclut Jacques Mourot. Car, bonne nouvelle, ce déséquilibre est réversible. C'est ce que sont parvenues à prouver les équipes de ce chercheur. Elles ont étudié patiemment la composition des graisses de notre alimentation grâce à la méthodologie de chromatographie en phase gazeuse. Prenez deux tranches de jambon. L'une lambda, issue d'un élevage industriel nourrissant ses animaux au fameux cocktail maïs-blé-soja. L'autre provenant de la filière Bleu-Blanc-Cœur. Ces porcs-là ont été nourris au lin. Qu'observe-t-on ? Le jambon dont le cochon a été nourri de lin contient 11,1 oméga 6 pour 2,61 oméga 3. Soit un rapport parfaitement équilibré de 4,26 oméga 6 pour 1 oméga 3. Le jambon issu d'un élevage industriel lambda contient, lui, près de 16 oméga 6 pour 0,85 oméga 3, soit un rapport désastreux de près de 19 oméga 6 pour 1 oméga 3… Autant dire que, si vous faites le calcul de ce que vous mangez en une journée, entre vos yaourts, vos œufs, votre lait, votre crème et votre viande totalement carencée en oméga 3, vous commencez à frémir.

Que faudrait-il faire pour changer cela ? « Oh, pas grand-chose, affirme Pierre Weill. Pour que tous les cochons de France aient une nourriture équilibrée, il ne faudrait pas plus de 60 000 hectares de lin. » Que sont 60 000 hectares de lin au regard des 3,15 millions d'hectares de maïs ? 60 000 hectares qui ne nécessiteraient ni engrais, ni herbicides, ni pesticides ? 60 000 hectares pour la santé des porcs et la nôtre ? « Mais allons plus loin : pour que tous les élevages de France, poulets, porcs, vaches, veaux, cochons, mangent sainement, il suffirait que la France daigne utiliser un petit pour cent de sa surface agricole utile à planter du lin… » Un pour cent ? Pourquoi n'est-ce pas encore fait ?

« À cause du prix ! s'emporte Jean-Pierre Pasquet. Ces viandes de qualité reviennent un peu plus cher aux éleveurs. Pour un porc ? Compter à peine deux euros de plus par carcasse. Soit deux centimes plus cher par kilo de viande. » Deux centimes pour protéger notre santé. Mais, « aujourd'hui, la majorité des coopératives et des grandes surfaces refusent de rémunérer les paysans sur la qualité. Elles les poussent à faire du volume, toujours plus, pour toujours moins cher ». En tout état de cause, l'effort ne peut pas venir des seuls éleveurs, déjà exsangues. En seize ans, les prix du porc dans les rayons des grandes surfaces ont augmenté de 16 % pour le rôti et de 26 % pour l'échine, alors que le prix payé aux paysans s'est effondré de 30 %… Reprenons les données fournies par l'Observatoire des marges et le rapport Besson. Sur 10 euros dépensés par le consommateur pour acheter du jambon blanc à la coupe, 1,67 euro seulement revient aux éleveurs. Un peu plus de 1 euro, sur lequel ces derniers doivent payer l'alimentation, l'eau, l'électricité, le chauffage, les bâtiments. 3 euros pour l'industriel salaisonnier et 4,40 euros pour la grande distribution. Soit 50 % de la marge… Dans son édition de février 2009, le magazine *UFC-Que choisir ?* cite Olivier, courtier chez un grossiste en viande de porc : pour lui, on atteint « le grand n'importe quoi sur les prix au détail […]. Le jambon d'entrée de gamme tourne autour de 7 euros le kilo. À 2 euros, les grandes surfaces gagneraient encore de l'argent ». Rogner un peu sur ses marges pour que l'éleveur vive bien, que les bêtes soient heureuses et que nous soyons en bonne santé, voilà un geste que la grande distribution pourrait aisément se permettre.

Surtout que la solution, peu onéreuse, est très efficace. En 2006, l'association Bleu-Blanc-Cœur, en collaboration avec l'INRA et le CERN (Centre d'étude et de recherche en nutrition), lance une grande étude sur le surpoids et l'obésité. Leur objectif est de mettre en évidence le rôle positif des oméga 3 dans la réduction de la synthèse de matière grasse. Si l'excès d'oméga 6 rend gros, est-ce qu'une nourriture équilibrée en oméga 3 rend mince ? Revenir à une nourriture équilibrée pourrait, dès lors, apporter des réponses simples au problème de surpoids des sociétés occidentales. Cent soixante volontaires et leurs familles sont donc recrutés et répartis entre un groupe témoin et un groupe Bleu-Blanc-Cœur. Durant trois mois, les menus de chacun d'entre eux sont élaborés de manière précise et équilibrée. Une moitié des cobayes est nourrie d'aliments issus de l'agriculture productiviste, l'autre a droit à une alimentation issue d'élevages nourris au lin. Résultat ? Tous ont perdu des kilos. Mais seuls les volontaires Bleu-Blanc-Cœur ont amélioré leur profil sanguin. Mieux : deux mois après l'arrêt de ces essais, le groupe Bleu-Blanc-Cœur maintient sa perte de poids, alors que le groupe témoin, lui, reprend ses kilos. « Cette expérience souligne les effets positifs d'une alimentation animale de qualité sur l'obésité de l'homme et pose les fondements d'un concept fort, celui d'un amaigrissement durable issu d'une agriculture durable[1] », martèle Bernard Schmitt, le médecin en charge de cette expérimentation. Ce dernier est d'autant plus optimiste qu'on est parvenu à ce résultat sans modifier les habitudes alimentaires des patients. « Il est souvent très difficile de changer les pratiques alimentaires des personnes qui viennent en consultation.

1. Série d'entretiens avec l'auteur, mars-octobre 2009.

Surtout ici, à Lorient, où nous sommes dans un milieu rural. J'aime à taquiner Pierre Weill en lui disant que l'huile d'olive et le régime crétois, c'est bon pour les intellectuels de Rennes. Moi, ici, j'ai des amoureux de la nourriture, qui mettent du beurre sous leurs rillettes ! » Sauf qu'en mettant du bon beurre sous de bonnes rillettes, on maigrit quand même. Et qu'en trois mois le docteur Schmitt est arrivé au même résultat que s'il avait soumis ses patients à un régime crétois drastique, pas vraiment conforme à notre vision de la bonne chère…

## *Vive le colza !*

En attendant que la grande distribution ou les industriels se convertissent massivement à la graine de lin, on peut déjà, de notre côté, remplacer notre huile de tournesol, gavée d'oméga 6, par de l'huile de colza, championne toutes catégories des oméga 3. Dominique Lanzmann[1], nutritionniste, praticien hospitalier à l'hôpital Émile-Roux (Limeil-Brévannes), prend l'exemple de la mortalité par maladies cardiaques et coronariennes des hommes finlandais âgés de 35 à 64 ans. Les nutritionnistes ont suivi ces données sur plus de

1. Entretien avec l'auteur, automne 2009.

trente ans. La conclusion est sans appel. La courbe de mortalité a chuté de plus de 75 %. Comment ce miracle est-il possible ? « Le tournesol ne pousse pas dans les pays froids comme la Finlande, ils se sont donc mis au colza, et les résultats sont là », explique le médecin. Ces résultats sont corroborés par les travaux de Walter Willett, président du département de nutrition de l'École de santé publique de Harvard. Dans une récente étude[1], le chercheur s'est penché sur les causes du rapide déclin des maladies coronariennes dans les pays d'Europe de l'Est. Ce déclin date des années 1990, lorsque les prix du beurre et des matières grasses animales ont littéralement explosé. Les habitants de ces pays se sont alors massivement convertis à l'huile végétale, dont la consommation a doublé, voire triplé. Là où l'huile consommée était une huile de colza, en Pologne, en République tchèque, en Slovaquie, la mortalité s'est effondrée. En revanche, en Roumanie, en Bulgarie et en Russie, où les habitants se sont montrés plus friands d'huile de tournesol, les chercheurs n'ont constaté aucun recul des maladies coronariennes.

1. Witold Zatonski, Hannia Campos, Walter Willett, « Rapid declines in coronary heart disease mortality in Eastern Europe are associated with increased consumption of oils rich in alpha-linolenic acid », *Eur. J. Epidemiol.*, 23, 2008, p. 3-10.

CHAPITRE 5

# L'eau, un dommage collatéral

Quittons un moment la charmante compagnie du ministre de l'Agriculture Bruno Le Maire et de l'ancienne secrétaire d'État chargée de l'Écologie Chantal Jouanno pour emboîter le pas à Nicolas Sarkozy, venu prendre son bain de ruralité en Eure-et-Loir. Ici, on commence à s'inquiéter ferme du fait que, quotidiennement, 40 000 personnes ont accès à une eau « potable » non conforme à la réglementation pour ce qui est des nitrates et des pesticides. « Non conforme » étant le doux euphémisme utilisé par les administrations pour camoufler une situation si catastrophique qu'il faut procéder en urgence à la fermeture des captages d'eau pollués. Traduire : on a déjà injecté des millions d'euros de fonds publics pour traiter l'eau et cela n'a pas suffi. Donc, pour fournir de l'eau non polluée à ces villages, on va investir des millions d'euros, cette fois-ci pour tirer des kilomètres de tuyaux depuis un captage qui ne sera pas encore pollué parce que protégé ou situé dans une commune qui, elle, sera munie d'une unité de traitement pour les nitrates et les pesticides. Pourquoi toutes les communes ne disposent-elles pas d'une unité de traitement de nitrates et de pesticides ? Parce que les industriels de l'eau, auxquels on a eu la mansuétude de laisser les concessions sur cette ressource, estiment qu'il n'est pas rentable de traiter l'eau quand les communes n'atteignent pas 15 000 habitants. Autant dire que la quasi-totalité des villages de France, dont l'eau est fortement polluée à cause des pratiques agricoles, n'ont qu'une solution pour être enfin approvisionnés en eau du robinet ne contenant pas (trop) de nitrates et de pesticides : aller pomper (beaucoup) plus loin la précieuse ressource.

Mais ces kilomètres de tuyaux coûtent cher, très cher. La preuve par l'absurde. Les experts du WWF[1] rendent visite à Claude Térouinard, maire de Châtillon-en-Dunois. Ce dernier est agriculteur, comme 25 % des élus locaux du département. Tous se trouvent aujourd'hui dans

1. Voir « Gestion de l'eau en France et politique agricole : un long scandale d'État », un rapport édifiant publié en juin 2010 par le WWF et qui recense les principaux textes législatifs promulgués sur la question de l'eau.

l'incapacité de financer les travaux nécessaires à l'assainissement de l'eau du département. Que faire ? Se tourner vers l'État ! C'est la seule solution pour trouver les 200 millions d'euros sur vingt ans nécessaires au renouvellement des canalisations et les 100 millions d'euros sur dix ans destinés à établir les interconnexions. En clair, les agriculteurs nous prennent pour des imbéciles. « Ils ne veulent pas modifier leurs pratiques intensives pourtant catastrophiques pour la ressource en eau et demandent en même temps aux Français de payer la facture ! » tempête Cyrille Deshayes.

La situation de l'Eure-et-Loir est emblématique, pour ne pas dire symptomatique, des dérives de notre agriculture productiviste. L'Eure-et-Loir, c'est la Beauce, donc le grenier à blé de la France. Aujourd'hui, la quasi-totalité des nappes phréatiques du département est soumise à une pollution chronique de pesticides et de nitrates majoritairement agricoles. L'association de défense de la qualité de l'eau Eau Secours 28[1], créée en 2009 à l'initiative de citoyens et d'habitants de la région, rappelle le constat dressé le 26 septembre 2009 par Jean-Jacques Brot, alors préfet de l'Eure-et-Loir, devant le congrès des maires de ce département réuni à Châteaudun : « L'eau potable

1. « 28 » pour Eure-et-Loir.

demeure une denrée rare en Eure-et-Loir : près de 100 communes ne délivrent pas une eau réglementairement conforme au titre des nitrates et des pesticides. (…) Je dirais même que c'est une denrée de plus en plus rare, puisque le nombre de communes dans cette situation est en augmentation constante et place l'Eure-et-Loir en tête des départements de la région pour la qualité dégradée de son eau. 87 % des non-conformités aux nitrates de la Région Centre se concentrent dans notre département[1]. » Au passage, rappelons que ce département reçoit chaque année plus de 150 millions d'euros d'aides de la politique agricole commune pour soutenir les céréaliers. « Or ce sont des utilisateurs massifs de nitrates et de pesticides ! peste Isabelle Laudon, responsable des politiques européennes au WWF France. Sans subventions, leur mode de production serait intenable en raison du coût des intrants (pesticides et nitrates notamment) dont ils ont besoin. On peut dire que c'est grâce à l'argent du contribuable que les eaux de ce département sont contaminées puis… décontaminées. L'État ne joue pas son rôle de garant des deniers publics ! »

Le principe pollueur-payeur, pourtant désormais constitutionnel[2], est donc sans cesse bafoué

---

1. http://eausecours28.wordpress.com/

2. Ce principe est inscrit dans la Charte de l'environnement, elle-même intégrée à la Constitution.

en France. Le très vénérable Conseil d'État n'hésite pas à écrire noir sur blanc, dans un récent rapport sur l'eau[1], que l'agriculture « bénéficie d'une situation historiquement dérogatoire ; elle occasionne des pollutions très importantes qui contrarient les efforts nationaux d'amélioration de la qualité de l'eau et valent à la France des poursuites et des condamnations répétées par les autorités communautaires ». Pourtant, elle continue à accéder « à l'eau potable et à l'eau brute à un prix qui ne couvre pas les coûts ». Ce n'est pas tout : comme le souligne fort judicieusement le Conseil d'État, « les agriculteurs ont en outre été dispensés, de fait, du paiement des redevances de dépollution normalement dues aux agences de l'eau tout en bénéficiant de leurs aides ». Quelques chiffres ? Durant la période 1997-2002, l'agriculture n'a contribué qu'à hauteur de 1,2 % aux dépenses de dépollution réalisées par les agences de bassin tout en bénéficiant de 9,5 % de ses aides. Selon le Conseil d'État, l'agriculture est pourtant à l'origine de 60 % de la pollution par les phosphates, de 70 % de celle par les pesticides et de 75 % de celle par les nitrates. La Cour des comptes n'y va pas par quatre chemins non plus quand elle affirme que « la France applique à ses agriculteurs le principe pollueur-pas payeur-

1. « L'eau et son droit », juin 2010.

bénéficiaire[1] ». En d'autres termes, elle les laisse polluer, les dispense très largement du paiement des redevances pour pollution, mais les fait bénéficier des aides publiques à la dépollution.

En résumé, l'agriculture pollue l'eau à grands coups de nitrates, de phosphates et de pesticides, et les consommateurs paient non seulement leur nourriture, les aides aux agriculteurs, mais aussi la facture de dépollution. Voilà de quoi inciter les agriculteurs à se tourner vers des modes de production plus vertueux… À partir du moment où l'on peut polluer sans payer, ou plutôt en faisant payer le consommateur qui paie déjà les biens agricoles et les aides publiques, pourquoi s'arrêter en si bon chemin ? Isabelle Laudon rappelle que, sur la période 1993-2000, les éleveurs bretons ont bénéficié d'aides s'élevant à 138 millions d'euros sans pour autant acquitter aucune redevance. Qui a payé, alors ? Le ménage lambda de cette région. D'après les chiffres de la Cour des comptes, la part des agriculteurs dans les redevances perçues par les agences de l'eau était de 1 % en 2007, alors que celle des consommateurs, via leur facture d'eau, était de 90 % (pour un montant total de 1,8 milliard d'euros)[2]. Selon une étude de l'INRA présentée fin 1995 sur la dénitratation, le

1. Cour des comptes, rapport de 2003.

2. Cour des comptes, « Les instruments de la gestion durable de l'eau », *in* rapport 2010, p. 630.

coût total de l'élimination des nitrates sur 13 stations s'élève à environ 0,27 euro par mètre cube d'eau distribué, soit 15 à 20 % du coût de l'eau. Voilà pour notre contribution directe aux dépollutions agricoles. Pour ce qui est des aides indirectes via nos impôts, la facture est également salée. Au total, les six agences de l'eau ont accordé, entre 1997 et 2002, 477 millions d'euros d'aides au titre de la lutte contre les pollutions agricoles[1]. À cela s'ajoutent les fonds publics engagés pour préserver les eaux face à ces mêmes pollutions. Ils s'élèvent à plus de 310 millions d'euros en Bretagne pour la période 1993-2000[2]. 439 millions d'euros ont également été versés pour le programme de maîtrise des pollutions d'origine agricole (PMPOA). Le coût prévisionnel de la deuxième version du PMPOA, mise en place à partir de 2002, est, lui, de 1 300 millions d'euros[3]. Pour quel résultat ? Médiocre. La Cour des comptes tranche : aucune amélioration substantielle de l'état des ressources en eau. Pourtant, l'État s'est attaqué aux sources de la pollution, il a même

1. Cour des comptes, « Les agences de l'eau », *in* rapport 2004, p. 335-336.

2. Cour des comptes, « La préservation de la ressource en eau face aux pollutions d'origine agricole : le cas de la Bretagne », 2002, p. 28.

3. Cour des comptes, « Les agences de l'eau », *in* rapport 2004, p. 335-337.

investi 1,2 milliard de crédits publics sur la gestion des effluents d'élevage. Résultat ? Très limité, d'après le Conseil d'État, car alors qu'on leur donnait des sous pour retraiter le lisier, les élevages augmentaient considérablement leur taille…

Au final, et malgré tout cet argent public versé, où en est-on en matière de pollution de l'eau en France ? Reprenons la lecture fort instructive du rapport du Conseil d'État. « En ce qui concerne les pesticides, 96 % des points de surveillance installés dans les eaux de surface et 61 % dans les eaux souterraines sont contaminés (pour 10 % des premiers, la teneur observée met en danger la biodiversité et rend l'eau non potable) ; 229 substances nocives ont été détectées en 2004 dans les eaux superficielles et 166 dans les eaux souter raines. » Voilà qui est fort inquiétant. Pourtant, le ministère de la Santé reste serein, estimant que « l'exposition aux pesticides est beaucoup plus élevée à travers les aliments, qui mériteraient beaucoup plus d'attention que l'eau ». Nous voilà donc rassurés : les pesticides qu'on ingurgite dans l'eau ne sont rien comparés à ceux qu'on avale avec nos fruits et légumes ! Et côté nitrates ? Le Conseil d'État pointe une détérioration constante des cours d'eau depuis les années 1970, « avec, selon les fleuves, un accroissement compris entre 1 et 3 milligrammes par litre et par an ». La situation s'est tout de même stabilisée depuis 2000 et commence à s'arranger un peu en Bretagne.

Quoi qu'il en soit, ces améliorations minimes sont loin d'être suffisantes pour revenir à une eau pure. Comme le rappelle le Conseil d'État, « même en cas d'arrêt immédiat de l'utilisation de pesticides et de nitrates, il faudrait plus d'une dizaine d'années pour en observer la conséquence sur la qualité des eaux souterraines : c'est l'une des raisons pour lesquelles il est d'ores et déjà acté que la France ne pourra pas, quels que soient ses efforts, respecter l'horizon 2015 théoriquement fixé par l'Union pour le retour au bon état des eaux ». Il y aurait pourtant des solutions politiques, comme la taxation des engrais. Mais, là encore, la France a reculé. « Contrairement à d'autres pays comme les pays nordiques, la France a renoncé à taxer les engrais en amont (taxe au sac perçue auprès des producteurs ou des importateurs) et en aval (taxe sur les excédents d'azote perçue sur les exploitants). Plusieurs fois envisagé, son principe a été écarté par le président de la République en 2003 et à nouveau par le Parlement lors du vote de la loi du 30 décembre 2006 », regrette le Conseil d'État. Les membres de cette vénérable institution ne croient pas les agriculteurs quand ils se déclarent incapables de financer la dépollution de l'eau faute de pouvoir répercuter ces coûts dans les prix de leurs denrées, fixés par les cours mondiaux. De fait, on n'a pas eu cette mansuétude envers les industriels qui, eux aussi, subissent les aléas des marchés mondialisés.

C'est à croire que, politiquement, les agriculteurs sont intouchables. Reste cependant l'arme dissuasive de la contravention. Si l'on ne revient pas fondamentalement sur la politique générale, ne pourrait-on au moins punir les contrevenants à la loi actuelle ? Bref, que fait la police ? Pas grand-chose, à en croire le rapport du Conseil d'État. Reprenant le cas de l'Essonne, il s'amuse à dénombrer les contrôles réalisés : 1 % pour les exploitations agricoles situées en zone vulnérable (directive nitrates). En Beauce, les agriculteurs savent qu'ils n'ont pratiquement aucun risque d'être contrôlés durant toute leur vie professionnelle. Voilà pour la peur du gendarme. On pourrait espérer que les contrôles sont si rares parce qu'ils ont toujours montré combien les agriculteurs appliquaient scrupuleusement les réglementations, et qu'il est donc inutile de les fliquer davantage. Si seulement. Sur 30 000 contrôles effectués sur le terrain en 2008, 40 % des exploitations étaient non conformes à la réglementation. Conclusion du Conseil d'État ? « Un niveau si élevé de pourcentages de non-conformité conforte la thèse de l'inefficacité de la législation et des différentes polices de l'eau. » Les effectifs de la police de l'eau sont tellement minimes qu'on ne peut pas exiger d'eux un miracle. Selon un rapport de la Cour des comptes de 2009, on recensait dans ce corps un peu plus de 1 000 équivalent temps plein en 2008, soit 7 par département… Et encore, tous n'étaient pas sur le terrain, car beaucoup appartiennent aux services administratifs. Bref, si dans une vie d'agriculteur vous rencontrez cette police de l'eau, c'est que vous n'avez vraiment pas eu de chance…

CHAPITRE 6

# Lundi, des patates, mardi, des patates…

Les patates, en France, on aime ça, on adore, même ! Chacun d'entre nous en consomme 30 kilos par an. 30 kilos de pommes de terre fraîches, auxquels il faut ajouter les 25 kilos de chips, de frites surgelées et autres purées en flocons déshydratés, transformées pour notre seul plaisir par l'industrie agroalimentaire… Nous sommes les troisièmes producteurs européens de patates avec 4,5 millions de tonnes sorties de terre chaque année. 1,2 million de tonnes pour faire les purées en flocons et les frites surgelées. Et 2 millions pour celles qu'on cuisine chez soi. Le reste est exporté vers l'Espagne, l'Italie, le Portugal, l'Allemagne et même… la Belgique !

Toutes ces tonnes de pommes de terre sont produites sur 130 000 hectares, soit 30 % de moins qu'il y a dix ans, mais, grâce à la magie des

« phytos », les rendements ont augmenté (comptez 65 tonnes à l'hectare en agriculture productiviste contre 25 à 35 tonnes à l'hectare en bio). On obtient des récoltes sensiblement équivalentes sur moins de terre avec moins de main-d'œuvre. De quoi se réjouir.

Le champion national de la production de pommes de terre, c'est le Nord-Pas-de-Calais. 1 650 000 tonnes produites sur 37 000 hectares. La reine des patates reste incontestablement la merveilleuse bintje, qui vit le jour au début du XXe siècle aux Pays-Bas et qu'aucune jeunette n'a encore réussi à détrôner tant, d'après ce jeune agriculteur converti au bio, « la bintje plus les phytos, c'est juste magique pour faire des frites surgelées par milliers ».

Cette caractéristique n'a pas échappé au géant canadien de la frite, McCain, qui arrose de ses merveilles industrielles non seulement toutes les enseignes de fast-food, mais aussi la restauration, les cafétérias et la grande distribution. Quand on croque dans une frite où que ce soit dans le monde, à quelque heure que ce soit, on a une chance sur trois pour qu'il s'agisse d'une frite McCain. Or, McCain n'en démord pas, pour ses Just Au Four Fri'Style, rien ne vaut la bonne vieille bintje.

Et ce jusqu'à ce que les sélectionneurs français et hollandais, qui travaillent d'arrache-pied depuis dix ans déjà avec les industriels à la mise au point de nouvelles variétés, trouvent *la* patate miracle qui donnera des frites plus longues, plus croquantes et surtout toujours plus industrialisables… Innovator, Santana, Fontane, Astérix et d'autres encore verront bientôt le jour. Car, vous l'aurez compris, les donneurs d'ordres des agriculteurs, les façonniers de la terre, ce sont désormais les industriels. Ils vont jusqu'à imposer les variétés qui leur conviennent.

Le libre arbitre de l'agriculteur dans tout cela ? Il n'existe plus. Le paysan n'est plus qu'un technicien, lourdement endetté, à la solde des industriels, avec lesquels il se doit d'être lié puisque ces derniers s'engagent à lui acheter une partie importante de sa récolte chaque année. « Ils ont tous des contrats avec McCain, soupire ce jeune agriculteur bio. L'industriel leur assure 500 tonnes à 80-100 euros. C'est pas cher payé, mais ils rentrent dans leurs frais. Le coût des patates indus' pour un cultivateur, c'est 60 euros la tonne. Le reste de leur récolte, ils le vendent au marché libre ; là, ça peut grimper jusqu'à 300 euros la tonne. Ça fait du pognon, mais les contrats indus', c'est une garantie. » Bref, pour assurer le quotidien, mieux vaut se plier à la dure loi des contrats avec les industriels. Et ce n'est pas une mince affaire.

L'agriculteur doit répondre à des cahiers des charges d'enfer pour produire des pommes de terre façonnées pour l'usine. Sur le site Internet de McCain, on peut d'ailleurs cliquer sur l'onglet « Du champ à l'assiette » en dix étapes. Là, on apprend que McCain fait trimer 900 agriculteurs des Régions Nord-Pas-de-Calais, Picardie et Champagne, et ce depuis trente ans. Pour être bien sûrs que le paysan fait correctement ce qu'on lui demande, « plus de 20 techniciens agronomes McCain sont en contact chaque jour avec les agriculteurs – pour leur apporter suivi et conseil ». Les techniciens des industriels dictent à l'agriculteur la marche à suivre pour faire pousser de la « patate indus' » : traitements antimildiou (une maladie fréquente), engrais, tout est décidé par l'industrie. « Le cahier des charges est si directif, les industriels et la grande distribution si tatillons que, bien souvent, on traite parce qu'ils nous le demandent, alors qu'on n'aurait absolument pas besoin de le faire[1] », peste ce gros producteur d'Eure-et-Loir qui préfère rester anonyme afin de ne pas déplaire à « son » client. « Lorsque tu es le plus gros opérateur d'une région et que tu es quasiment le seul débouché des ventes, ce que tu imposes, tu l'obtiens forcément, regrette ce jeune agriculteur du Nord-Pas-de-Calais. Les industriels ont forcé les agriculteurs à avoir des conditions de stockage au top. Ils fixent des cahiers des

1. Sauf indication contraire, tous les propos qui suivent sont tirés d'une série d'entretiens avec l'auteur, septembre-novembre 2010.

charges hyperstricts, calés sur les normes "*global gap*" : ce sont des normes commerciales qui n'ont rien à voir avec la problématique agricole. Mais comme les industriels et la grande distribution les imposent à tout ce qu'on fait pousser, dans les champs comme dans les élevages, on est bien obligés de suivre. Conséquence ? Les petits agriculteurs disparaissent au profit de ceux qui sont capables de payer des appareils énormes et des mises aux normes drastiques. »

Zoom sur l'étape 5 du programme McCain : « À leur arrivée, les pommes de terre sont contrôlées pour leur taille, leur couleur, leur matière sèche, et seuls les tubercules répondant à des critères précis seront acceptés pour la production de nos frites. » Autant dire que l'agriculteur a plutôt intérêt à ne pas se rater s'il ne veut pas se retrouver avec ses patates sur les bras... Car la pomme de terre industrielle, c'est comme Dallas, un univers impitoyable où la moindre erreur est sanctionnée par une mise à mort économique de l'agriculteur. Il faut un capital solide pour répondre aux exigences des industriels. « C'est presque des grandes cultures, s'enflamme ce cultivateur beauceron récemment converti à la pomme de terre. Les investissements sont lourds, 10 000 à 12 000 euros l'hectare, sans compter les plants. C'est une culture devenue hypertechnique. » Comme beaucoup d'autres, son exploitation est équipée d'une station météo, couplée à un logiciel capable de prédire l'heure à laquelle le mildiou[1], le pire ennemi du tubercule, pourrait frapper. En matière de traitement, on suit religieusement les prévisions de la nouvelle pythie technologique.

Pour le ramassage, un équipement ad hoc est requis. « En ce moment, c'est l'arrachage des pommes de terre. McCain exige qu'elles soient parfaitement rondes, savamment calibrées, et surtout qu'elles n'aient pas de coups afin d'éviter qu'elles ne noircissent. Pour répondre à ces exigences, les agriculteurs ont investi dans des bennes de tracteurs molletonnées. Le fond est tapissé d'une étoffe douillette pour que la patate ne souffre pas trop. Coût de ce terrible engin ? Entre 20 000 et 40 000 euros », raconte, hilare, ce jeune agriculteur bio.

D'ailleurs, pour que cette superbe pomme de terre se conserve comme il faut, qu'elle puisse afficher un teint de pêche, sans la moindre ridule. Surtout, pour répondre aux exigences des industriels, on entrepose les patates dans un super-hangar d'un coût faramineux – de l'ordre de 150 000 euros. Bref, c'est à l'agriculteur de s'endetter lourdement pour investir dans un matériel luxueux, dont il n'aurait pas forcément

1. La maladie évolue très rapidement quand les conditions lui sont favorables : pluie, humidité élevée et température comprise entre 12 et 25 °C.

besoin mais que l'industriel ou la grande distribution impose. Et ce que veut l'industriel, il l'obtient.

L'agriculteur est donc corvéable à merci pour fournir en continu les usines à frites qui, elles, fonctionnent 24 heures sur 24, 6 jours sur 7, 285 jours par an. Arrêt conventionnel de 15 jours à Noël et de 15 jours l'été. Le cultivateur a plutôt intérêt à être toujours prêt. Pour fabriquer ses 600 tonnes quotidiennes de frites, ses 25 tonnes horaires, l'usine McCain de Matougues, dans la Marne, engloutit chaque jour 50 semi-remorques de pommes de terre, soit 1 100 tonnes. « L'autre jour, ils ont appelé mon voisin et lui ont dit : Si tu nous apportes des patates le dimanche, on te file un bonus. Mais ce que ne dit pas l'industriel, c'est que si l'agriculteur ne le fait pas, il sera blacklisté », résume, lucide, ce jeune agriculteur du Nord-Pas-de-Calais. Ce dernier n'est d'ailleurs pas peu fier que McCain reconnaisse les Ch'tis comme les plus gros bosseurs. « Ils sont allés chercher les Beaucerons, mais les céréaliers, eux, ils ne bossent pas le week-end. Et le vendredi à 17 heures, c'est terminé, s'amuse ce jeune Ch'timi. Du coup, McCain a été obligé de faire venir des patates du Pas-de-Calais pour faire tourner son usine ! »

Mais qu'allaient faire McCain et d'autres industriels de la pomme de terre en Beauce, en Champagne-Ardenne ou dans le Centre ? En 2003, les aides de l'Europe ont été découplées.

Pour éviter de contrevenir aux réglementations de l'Organisation mondiale du commerce et afin d'apaiser la colère des États-Unis, les aides ont cessé d'être couplées à une production. Mais pour ne pas révolutionner le système, les céréaliers ont continué à toucher des primes substantielles, et ce qu'ils cultivent ou non des céréales. Une aubaine qui n'a pas échappé aux industriels. Ils sont venus voir les céréaliers et leur ont proposé de faire des pommes de terre à la place des céréales. En résumé, les industriels ont institué une concurrence déloyale entre les agriculteurs. Leur raisonnement est limpide. Puisque les Beaucerons touchent des aides de Bruxelles, ils n'ont qu'à vendre leurs patates moins cher que celles des Ch'tis. Ce qui leur permet ensuite de faire pression sur les cultivateurs du Nord-Pas-de-Calais, en leur expliquant que, prime ou pas prime, ils sont beaucoup plus chers que les Beaucerons. S'ils veulent garder le marché, il va donc falloir revoir leurs prix à la baisse. « Les aides, on ne les touche jamais, ce sont les industriels qui les encaissent. Quand il y a eu une aide sur les petits pois, les industriels ont baissé leurs prix d'achat. Nous, on est juste la boîte aux lettres », peste Mickaël Poillion, notre agriculteur du Nord.

L'agriculteur doit donc être disponible en permanence, accepter de vendre à des prix toujours plus bas, consentir des équipements toujours plus chers et s'endetter tant et plus. Mais pas de sensiblerie. La production a intérêt à être prête à date fixe. La date de ramassage optimale, pour les industriels de la pomme de terre, c'est le 15 septembre. Pour être ponctuel, on arrose les fleurs d'un grand coup d'herbicide afin de récolter tranquillement… Ces mêmes fleurs qu'on aura préalablement arrosées d'engrais pour qu'elles se maintiennent le plus longtemps possible et que les tubercules continuent à grossir. À titre de comparaison, les fleurs des pommes de terre bio commencent à flétrir à partir du 1er août. « On pourrait, bien entendu, attendre que les fleurs meurent d'elles-mêmes, mais alors il faudrait s'en remettre au hasard », déplore ce gros cultivateur du Pas-de-Calais. Et s'il y a bien une chose qui déplaît à l'agriculture industrielle, c'est le hasard. Le ramassage des pommes de terre rappelle la mise bas des truies : pour maintenir le rendement, toutes les patates doivent être arrachées le même jour. La seule solution : l'herbicide. Même pour les Rolls des pommes de terre, les jolies primeurs. Pourquoi ? « Le défanage chimique, on fait ça pour endurcir la peau de la pomme de terre primeur. Qui du coup va supporter d'être lavée. C'est un produit excessivement fragile que le lavage esquinterait sans ce traitement chimique préalable. Le matériel utilisé pour laver les pommes de terre va choquer la peau et abîmer le tubercule », souligne Pierre Gélébart, chargé de ces questions auprès de la coopérative Prince de Bretagne. On est donc obligés de défaner chimiquement les pommes de terre parce que le consommateur, notamment parisien, n'achètera pas de patates qui ne soient parfaitement lavées et rutilantes. Absurde. D'autant que la patate lavée se conserve bien moins longtemps que sa consœur terreuse. « Le légume, moins il a été touché, mieux il se conserve. Les pommes de terre non lavées, elles ont juste été mises dans les cageots. Elles arrivent aux consommateurs sans avoir été manipulées et se conservent donc particulièrement bien, explique-t-il encore. Alors que les pommes de terre lavées, elles, ont subi moult manipulations. On les met dans des cageots, on les sort des cageots pour les mettre dans la laveuse, on les récupère de la laveuse pour les mettre dans une trieuse, et enfin on les remet dans leurs cageots. » Ouf. Récapitulons l'itinéraire d'une patate industrielle. Ses fleurs sont arrosées d'herbicide pour endurcir la peau de la patate afin de pouvoir la laver pour qu'au final elle se conserve moins bien qu'une patate pleine de terre. Logique. « Vous savez pourquoi la pomme de terre de consommation a été lavée au tout début ? » interroge André Minguy, président de la section « Pommes de terre » de la coopérative Coopagri-Bretagne. « Ce n'est en aucun cas un souhait du consommateur. Mais, une fois encore, une volonté de la grande distribution. Quand les caisses se sont instaurées dans les grandes surfaces, les gérants des supermarchés se sont aperçus que le peu de terre qui pouvait rester sur les pommes de terre enrayait le tapis roulant. » Donc on a demandé aux agriculteurs de s'adapter à la technique plutôt que d'adapter la technique aux légumes. Logique, une fois encore. Heureusement que l'agriculteur est bonne pâte parce que, décidément, il en a gros sur la patate...

## *Il faut sauver les pommes de terre primeurs !*

Il y a un an, les producteurs de pommes de terre primeurs ont pris la plume afin de dénoncer la « chronique de leur mort annoncée[1] ». « C'est l'histoire de consommateurs pris en otages par des circuits commerciaux qui écoulent toute l'année des pommes de terre conservées par le froid et chimiquement. » Il y a quinze ou vingt ans seulement, on ne tenait pas toute l'année avec des pommes de terre de conservation. « La pomme de terre primeur était une nécessité pour faire la jonction entre la récolte d'août-septembre et celle de mars-avril, où les vieilles patates ne tenaient plus le choc », souligne Pierre Gélébart. Ce dernier se remémore avec émotion l'époque bénie et pourtant pas si

1. Communiqué « Pomme de terre primeur : chronique d'une mort annoncée », 10 juillet 2009.

lointaine où « depuis Saint-Pol-de-Léon partaient, chaque jour, des trains entiers de pommes de terre primeurs vers toutes les régions de France. Les agriculteurs plantaient ces petits joyaux, fragiles, le long des talus pour les protéger du vent ». En 1996, la production d'un des leaders de la pomme de terre primeur, Prince de Bretagne, était de 125 000 tonnes ; elle est tombée à 78 000 tonnes en 2000, à 29 000 en 2005, à 15 000 en 2009, et autour de 10 000 tonnes en 2010. Le nombre de producteurs s'est également effondré, passant de 930 à 276. Sur le reste de la France, les chiffres sont équivalents, bien que fort controversés. On trouve à peu près autant d'écarts entre les chiffres fournis par l'interprofession de la pomme de terre et les producteurs de pommes de terre primeurs qu'entre les chiffres des manifestants donnés par la préfecture de Police et ceux fournis par la CGT… 150 000 tonnes d'après l'interprofession, qui veut faire croire que la patate est encore un milieu solidaire, contre 45 000 d'après les producteurs de primeurs exsangues, qui vous expliquent, la gorge nouée par les larmes, que leur production a été divisée par 3 en dix ans…

Dommage, parce que la pomme de terre primeur, c'est non seulement du goût, de la vitamine C (trois à quatre fois plus qu'une pomme de terre de conservation), mais aussi des emplois. La pomme de terre primeur est fragile. Les premières se ramassent donc à la main, et les suivantes au moyen de petits outillages qui arrachent les rangs un à un, quand dans les champs de patates de conservation du gros matériel arrache les rangs trois par trois, en nécessitant le moins de main-d'œuvre possible. On peut se permettre de passer du temps et de soigner les primeurs parce qu'elles ne font « que » 15 à 20 tonnes l'hectare, alors que les autres atteignent 60 à 65… Bref, on a fait une fois encore le choix de l'hyperproductivité.

Du coup, comme le déplorent les producteurs de primeurs, « mise à mal par des procédés commerciaux de masse, la pomme de terre primeur est menacée de disparition ». La faute à qui ? « Au fait que le marché soit tenu par quelques sociétés gigantesques liées par contrat avec de gros producteurs (français et étrangers). […] Cette concentration permet à ces circuits commerciaux de vendre de la pomme de terre comme on vendrait des boulons. Seuls comptent l'aspect et la solidité. » Une standardisation qui n'est pas pour déplaire à la grande distribution. Elle peut, par là même, vendre toute l'année de la bonne grosse patate bien calibrée. Et les primeurs dans tout cela ? « Plus de place dans les rayons », répond la grande surface. À part, peut-être, pour quelques lots vendus hors de prix en tête de gondole. Sur la majorité des étals des grandes surfaces, qui vendent 80 % des pommes de terre françaises, on ne trouvera que de la conservation. Stockée durant une année dans des frigos dévoreurs d'énergie, elle aura été aspergée de chlorprophame, un antigerminatif qui permet à cette vieille patate de se parer de tous les atours d'une jeune et belle pomme de terre… « Sauf que le chlorprophame, c'est un cancérigène suspecté en Europe », souffle François Veillerette, président du Mouvement pour les droits et le respect des générations futures (MDRGF). Et bien souvent les agriculteurs ou les coopératives y vont franchement avec ce cancérigène supposé. Ainsi, ayant observé que certains lots de pommes de terre belges présentaient une grande variabilité de teneur en produits antigerminatifs, Stéphanie Noël, du CRA-W (Centre wallon de recherche agronomique), a lancé un projet de recherche sur ce sujet. Les essais ont été réalisés en conditions réelles, chez des agriculteurs belges, au cours de trois saisons de conservation (septembre à juin). Ils ont été effectués sur des bintjes stockées en vrac. Le chlorprophame est utilisé sous trois formes : poudre, concentré émulsionnable, thermonébulisation (une sorte de brouillard de biocide). Conclusion ? Le traitement par poudrage est le plus efficace, mais c'est aussi celui qui entraîne le plus de surdosages ponctuels. Et plus la période de stockage est courte, plus ce risque augmente. Bref, il ne nous reste qu'à espérer que l'agriculteur respecte un délai suffisant entre le traitement et le déstockage.

Résumons. Les industriels et les grandes surfaces préfèrent sacrifier la pomme de terre primeur, riche en vitamine C, en emplois et peu traitée, pour privilégier la patate de conservation, calibrée, stockée avec des antigerminatifs ou dans des frigos énergivores. Une parfaite logique de Shadoks. Mais ce n'est pas fini.

« Ils me font bien rire, les mecs qui font de la patate de conservation, s'ils pensent que ça va durer, s'enflamme ce jeune producteur de pommes de terre primeurs. Grâce aux techniques de conservation, demain, les industriels et les grandes surfaces iront planter leurs patates dans des pays où la main-d'œuvre est moins chère, et la boucle sera bouclée. Pourquoi voudriez-vous qu'ils continuent à planter chez nous des patates qui peuvent se garder un an et supporter de voyager des kilomètres ? »

Et s'il ne reste plus du tout de vitamines dans ces tubercules, qu'importe, puisque lors des 240es rencontres annuelles de l'American Chemical Society (ACS), à Boston, une équipe de chercheurs japonais a démontré qu'il suffisait de traiter des pommes de terre avec des ultrasons ou des charges électriques pour augmenter de 60 % leur teneur en antioxydants (et notamment en polyphénols). En plongeant nos petites patates pendant cinq à dix minutes dans l'eau et en les bombardant d'ultrasons ou de décharges électriques, on récupère les vitamines qu'on avait perdues en les stockant trop longuement. Au passage, on gagne quelques résidus d'antigerminatifs. Ah, merveilleuse technologie...

CHAPITRE 7

# Heureuse comme une tomate en hiver

Le prodigieux régime méditerranéen a converti toute l'Europe aux vertus de la fabuleuse tomate. Si riche en antioxydant, en lycopène, en vitamine C. Le tout sans calories ou presque : 15 kilocalories pour 100 grammes. On en est devenu si friand que chaque Français en consomme plus de 13,3 kilos par an. On aime tellement cette plante sud-américaine qu'on la fait pousser un peu partout, même chez nous, même en Bretagne. Plus d'un tiers des tomates françaises sont produites dans cette belle région du Nord-Ouest. Pourtant, le climat hexagonal est peu propice dans l'ensemble à l'épanouissement de ce joli fruit. Qu'importe puisque, grâce au génie de la science et aux serres chauffées, on peut le faire pousser n'importe ou et n'importe quand. 97 %, pour ne pas dire la quasi-totalité, des 565 000 tonnes de tomates fraîches produites chaque année en France ont poussé sous serre. En Bretagne, on cultive près de 195 000 tonnes de tomates sous serre ; seules 450 tonnes de courageuses bravent encore le crachin et le vent pour pousser en pleine terre.

C'est qu'il faut produire onze mois sur douze. Donc, sans serres, point de salut. Tant mieux pour le consommateur, qui ne veut plus se plier au diktat des saisons ; tant pis pour l'environnement. D'après une récente étude menée par Bio Intelligence Service, spécialiste du conseil en matière environnementale, une tonne de tomates cultivées à ciel ouvert représente 94,6 kilos équivalent pétrole. La même tonne du même fruit cultivé sous serre, c'est 946 kilos équivalent pétrole. Soit 520 300 tonnes équivalent pétrole pour toutes les tomates sous serre de France. Cela équivaut à ce que dépensent 473 000 Français pour chauffer et climatiser leurs logements. À l'heure du développement durable et du *green friendly*, c'est une aberration.

6 juillet 2009 : visite de l'exploitation de Pierre-Yves Jestin, un jeune et solide agriculteur du Finistère Nord passionné par ses tomates. Il en cultive 3 hectares sous serre, neuf à dix mois sur douze. Pour que l'ambiance soit moite à souhait, les serres sont constamment chauffées. Vous pestez contre l'augmentation de votre facture de gaz ? Regardez plutôt celle de Jestin. À 10 euros le mètre carré de serres chauffées, ses chères tomates

lui coûtent la bagatelle de 300 000 euros de chauffage au gaz par an. « Mais il faut voir le bon côté des choses, s'anime le jeune agriculteur, Maintenant, on sait récupérer le $CO_2$ du gaz, et on le remet dans la serre pour faire pousser les tomates. Vous voyez les petits tuyaux, là, en face des plants ? Ils servent à les gazer ! C'est pas merveilleux ? » Fantastique. Le gazage des tomates sous serre, on en rêvait, les agronomes l'ont fait.

Ces tomates, bien entendu, ne poussent pas dans la terre. Ce serait trivial, ou plutôt dangereux. « Le problème de la terre, c'est sa composition. On ne peut pas complètement la contrôler. Du coup, la terre, ce n'est pas optimal du tout pour cette culture », assène, sans sourciller, Pierre-Yves Jestin. C'est bien connu, la terre, c'est sale, et on y trouve plein de choses ignobles. Ou comment la doxa productiviste rejoint de manière imprévue une logorrhée pseudo-psychanalytique. Sur le site Internet de Savéol[1], l'un des leaders français de la tomate sous serre, on l'affirme de but en blanc : « Les jeunes plants sont semés dans un terreau à base de tourbe ou de fibre de coco, un sol plus sain que la terre naturelle. » Astérisque. Renvoi en bas de page : « Contrairement aux idées reçues, la terre naturelle n'est pas toujours un idéal de pureté. Elle contient des éléments nuisibles,

1. http://www.saveol.com/.

comme les champignons ou les bactéries. » Le vrai problème, ce n'est pas la terre, mais l'usage intensif qui en est fait. Pierre-Yves Jestin en convient. « Avant, on utilisait de la terre, mais comme il est impossible de désinfecter le sol et que la culture intensive engendre des maladies, des champignons, on préfère la fibre de coco. » À en croire le site Internet de Savéol, la culture en pleine terre serait également dispendieuse en eau et pollueuse : « L'apport d'eau y est mal maîtrisé et les excédents sont entraînés vers la nappe phréatique. » En gros, nos plantations hors sol sont bien plus écolos que tout ce qui est planté dans la terre et qui finit immanquablement par polluer les nappes phréatiques. Sous-entendu, même le bio, c'est pas si terrible que ça. Exit la terre, bonjour la fibre de coco… Sri-lankaise, s'il vous plaît. Il est sans doute bien plus écologique de privilégier une fibre de coco qui aura parcouru plus de 8 500 kilomètres plutôt qu'un terreau local.

Les tomates sont sous perfusion, nourries au goutte-à-goutte. « Comme la terre n'est pas capable de donner à la tomate ce qu'il faut, on la nourrit d'un mélange d'engrais chimiques et minéraux. Phosphore, potasse, oligo-éléments… », énumère le jeune agriculteur. Pierre-Yves Jestin nous montre une grande cuve d'eau couleur rouille dont se dégagent des mousses peu appétissantes : « La nourriture de la tomate est là, dans ces cuves. » Curieusement, on a bien du mal à croire que ce cocktail rougeâtre et nauséabond est vraiment plus sain que la terre…

Cette tomate sous perfusion est-elle aussi bonne qu'une tomate de pleine terre ? « Bien sûr, rétorque Pierre-Yves Jestin, c'est la variété qui fait le goût ! » Une ineptie à laquelle ne croit pas Daniel Evain, ancien sélectionneur chez Monsanto devenu agriculteur bio à Dourdan, en Essonne. « On est entrés dans une logique industrielle. Avant on défendait un terroir, maintenant ce sont les variétés que l'on défend. Ça n'a pas de sens ! Et c'est pour cela que les tomates hors sol, c'est une catastrophe pour le goût, car quoi qu'en disent les semenciers industriels, la saveur est intimement liée à la terre ! » Daniel Evain est inquiet pour les agriculteurs. « Ils devraient se méfier, parce que si les tomates ne poussent plus dans nos terres, elles ne pousseront bientôt plus dans nos serres non plus. » Pour lui, nous autres consommateurs devrions prendre en compte dans le prix de nos tomates le coût de ces délocalisations futures. « Dans le prix de mes légumes, il y a les emplois que j'ai créés. On pourrait en créer énormément en se convertissant au bio, plutôt que de continuer à en détruire avec cette agriculture productiviste », regrette-t-il. Sans goût, destructrices d'emplois, ces tomates seraient presque sans âme, à en croire cet amoureux de la nature. Mais, déplore le paysan, il semblerait que les consommateurs préfèrent des tomates aqueuses et chimiques à un fruit de terroir…

À l'INRA de Montfavet, Mathilde Causse, directrice d'unité de la structure « Génétique et amélioration des fruits et légumes », a la dent à peine moins dure pour parler de ces tomates new age, bien fermes. « Bien sûr, les sélectionneurs cherchent à faire de nouvelles variétés à partir des anciennes qui sont désormais très à la mode. Mais ne nous y trompons pas, les caractéristiques recherchées restent les mêmes : rendement et distribution. » « Distribution », cela signifie qu'elles doivent tenir trois semaines sans moufter dans les rayons réfrigérés des supermarchés. La tomate moderne se doit de rester ferme. Et sexy. Il faut voir les employés des mastodontes de la tomate prendre quelques fruits dans chaque cageot et les passer au travers de petits formats en carton pour s'assurer que leurs dimensions sont bien celles de tomates top modèles. Trop petites ou trop grosses, elles dégagent. Ici l'hétérogénéité n'a pas droit de cité. « N'exagérons rien. Les choses se sont tout de même un peu arrangées depuis l'époque de Daniela, la tomate dure et sans goût qui avait réussi à conquérir le monde alors que sa qualité était littéralement désastreuse… Les industriels tentent un retour en arrière, ils se sont aperçus que le plaisir était dans la diversité et non dans l'uniformité », sourit Alain Palloix, spécialiste de la lutte génétique à l'INRA de Montfavet. « Les consommateurs sont ambigus, tempère Mathilde Causse. Regardez cette magnifique tomate rose de Berne. Elle est délicieuse, mais elle est très molle. C'est une texture que n'ont plus les variétés modernes. Parce que les jeunes générations qui ont toujours mangé des tomates de supermarché aiment ces fruits fermes. » En outre, ces tomates dures comme des boules de pétanque résistent bien mieux au transport, au frigo et aux manipulations dans les étals des supermarchés que les variétés anciennes. En fait, pour la tomate comme pour le reste, on a créé des variétés capables de supporter la commercialisation en grandes surfaces.

Que penser de toutes ces variétés anciennes qui fleurissent dans les rayons de la grande distribution ? « Les sélectionneurs sont parvenus à mettre au point de nouvelles variétés résistantes aux maladies tout en gardant la forme des anciennes et la fermeté des modernes », explique Mathilde Causse. Un véritable Canada Dry de la tomate : ça ressemble aux tomates anciennes, ça coûte aussi cher que les tomates anciennes, mais ça n'en a pas la saveur… Il est arrivé à peu près les mêmes déboires aux tomates en grappes. Les premières sont nées en Sicile. Elles étaient particulièrement goûteuses pour la bonne et simple raison que l'on attendait que tous les fruits soient mûrs pour la cueillette. Pas pratique pour les industriels. Mais comme ces fruits bien mûrs ont fait un tabac auprès des consommateurs, il fallait trouver une parade. Ce fut chose faite lorsque les sélectionneurs mirent au point des fruits plus aptes à la conservation, comprendre des grappes dont il n'était pas nécessaire que les fruits soient mûrs pour qu'on les cueille. Bref, du fruit industriel qui ressemble à s'y méprendre aux bonnes tomates en grappes, mais qui n'en a ni le goût, ni la couleur…

Mais quel peut être le point commun entre de véritables variétés anciennes, faites pour pousser au soleil et produire des fruits deux mois dans l'année, et ces nouvelles variétés faussement anciennes qui doivent produire de la tomate onze mois sur douze, abritées sous leur serre ? Pas grand-chose à en croire René Damidaux, qui travaille dans cette même unité de recherche sur les variétés anciennes, les vraies, celles qui ont encore du goût. Son idée ? Remettre ces tomates « old school » sur le marché. Mais pas n'importe lequel, celui du bio. René Damidaux s'est aperçu au cours de ses recherches que les variétés modernes étaient non seulement fades, inodores et sans saveur, mais aussi excessivement fragiles. « Les industriels ont privilégié le rendement sur le goût, mais aussi sur la résistance aux maladies », explique le chercheur. Comme ces variétés sont cultivées toute l'année sous serre, elles sont peu exposées aux agressions. En revanche, dès qu'elles en sortent, ces tomates indus' ont besoin d'une perfusion de pesticides pour survivre en pleine terre. Pas les anciennes. Elles sont naturellement résistantes aux maladies et aux agresseurs. René Damidaux travaille à améliorer encore cette résistance pour que le marché du bio puisse offrir une seconde jeunesse à ces tomates anciennes poussées sans biocides, colorées et goûteuses, parce que cueillies mûres à point. Contrairement à la grande surface, qui a besoin de stocker longuement les fruits dans des rayons réfrigérés, les circuits bio sont très courts. Et l'arôme des tomates s'en ressent.

Reste que la tomate poussée sous serre serait moins traitée que la tomate, non bio, cultivée en pleine terre. N'aurions-nous donc le choix qu'entre Charybde et Scylla : d'un côté la bonne tomate de pleine terre gorgée de résidus de pesticides, de l'autre l'ignoble tomate sous serre, sans produits chimiques ? C'est la rengaine que servent à l'envi tous les faiseurs de tomates hors sol. « La serre protège effectivement de certains insectes, du mildiou, causé par la pluie sur les feuilles. C'est d'ailleurs pour cela que, même en bio, on recouvre souvent nos tomates de pleine terre de tunnels plastifiés pour les protéger », souligne Daniel Evain. Par contre, il faut prendre en compte le fait qu'il y a des maladies spécifiques à la culture intensive sous serre, comme la cladosporiose, appelée aussi « moisissure olive » : une maladie provoquée par un champignon dans les cultures en serre. René Damidaux ajoute : « C'est pour cela que c'est un demi-mensonge quand les industriels vous disent qu'ils n'utilisent plus de phytos dans leurs serres. Ils ne doivent effectivement plus utiliser d'insecticides, ou très peu en tout cas, s'ils gèrent correctement leurs serres ; mais, pour les fongicides, c'est une autre affaire. » Eh oui, chaleur, humidité, pas assez de soleil, ça fait peut-être pousser les tomates à contre-saison et en Bretagne, mais ça fait également pousser les champignons… C'est ainsi qu'on réussit l'exploit de créer des maladies dont ne souffre presque jamais la tomate quand elle est cultivée en pleine terre et en saison.

Qu'à cela ne tienne, l'unité « Recherche plantes et systèmes de cultures horticoles » de l'INRA s'est mise à chercher d'arrache-pied une parade à ces ignobles champignons. L'idée ? Nourrir mieux les plantes cultivées sous serre pour qu'elles développent moins de maladies et que l'on utilise moins de produits phytosanitaires. Jusque-là, tout va bien. L'équipe de François Lecompte s'est ainsi penchée sur le champignon *Botrytis cinerea* qui semble se plaire particulièrement dans les serres en hiver. Le chercheur est ravi : il s'est aperçu qu'en dopant ses tomates avec de l'azote, un peu mais pas trop, le champignon disparaît. Bref, pour pouvoir cultiver des tomates en hiver, sous des serres surchauffées, et éviter les champignons, on va gaver les plantes d'azote… lequel pollue pourtant déjà largement nos nappes phréatiques. Oui, mais ces cultures sont hors sol, me direz-vous. Et alors, où vont les excédents des goutte-à-goutte ? Où partent les fonds de cuve ?

« Il est évident que l'agriculture intensive est favorable à l'apparition de maladies, et notamment pour tout ce qui est culture hors sol, sous serre, souligne Alain Palloix. Des solutions existent, des gènes de résistance, sauf que nous, chercheurs, on doit se battre contre les lobbies de l'agrochimie, qui rendent de mauvais services aux agriculteurs en leur vendant des produits pour lesquels on a ou on aura bientôt des solutions génétiques. » Mais tant que les semenciers seront aussi des vendeurs de produits phytosanitaires, les solutions génétiques n'auront pas le vent en poupe. « Il faut que les consommateurs se révoltent ! s'enflamme le chercheur. Ce sont des problèmes de santé publique. Tous les ans, les normes maximales de résidus tolérés diminuent, et des produits sont interdits. Tous les ans ! C'est bien la preuve que les normes ne sont pas assez contraignantes. En fait, ce qu'il faut, c'est zéro pesticide, et ça, avec la génétique, c'est à portée de main. »

Que faire en attendant ? Cesser de manger des tomates en hiver ? Pourtant, les tomates apportent tant de vitamines et de lycopène… « Sauf en hiver, s'amuse Mathilde Causse. On y trouve deux fois moins de vitamine C parce que le vitrage de la serre filtre la lumière déjà faible de l'hiver. »

« Au niveau des nutriments, il n'y a rien de tel que des tomates de pleine terre en saison, martèle Catherine Renard, chercheuse à l'INRA d'Avignon. Les tomates d'hiver ne sont pas bonnes, elles n'ont pas de goût, elles sont fragiles, elles ne contiennent presque pas de vitamine C… La tomate, ça doit être consommé l'été, et l'hiver on mange des boîtes de conserve. » En fermant les yeux sur le bisphénol A qui pourrait migrer de la boîte en question à nos tomates pelées…

Question lycopène, la tomate sous serre ne vaudrait pas grand-chose non plus. On reconnaît une tomate chargée de lycopène à sa belle couleur rouge. Or les tomates industrielles sont cueillies vertes pour mieux voyager depuis le Maroc ou l'Espagne, ou orange clair quand elles viennent de chez nous et qu'elles ont vécu sous d'épais vitrages qui les auront privées du soleil hivernal.

Mais que répondent les sélectionneurs quand des scientifiques leur apportent la preuve que des tomates cultivées sous serre en hiver n'ont plus aucun intérêt nutritionnel ? Qu'il faudrait revenir à la raison et faire pousser les fruits en saison ? Non, ce serait trop simple. La conclusion des industriels est claire : il faut de toute urgence trouver une tomate enrichie avec tous les éléments qu'elle aura perdus en étant cultivée à contre-saison ! Bref, la solution vient de la super-tomate super-enrichie en vitamine C et en lycopène.

Chapitre 8

# Ici, on joue à pommes réelles

C'est le fruit préféré des Français, qui en croquent 20 kilos par personne et par an. 1 580 000 tonnes de pommes ont été récoltées en 2010. Joli record ! La pomme en détient un autre, moins glorieux, celui d'être le fruit qui reçoit le plus de pesticides et de fongicides chaque année, avec en moyenne 26 traitements par an, 27 le plus souvent. « Vous savez, ce n'est pas le nombre de traitements qui fait la dangerosité. Ce sont les molécules utilisées. Or, aujourd'hui, elles sont actives beaucoup plus longtemps que les anciennes. Ce n'est bon ni pour la plante, ni pour nous, qui sommes au bout de la chaîne », regrette Michel Delhommeau, arboriculteur bio et directeur des Vergers des coteaux nantais. Une chose est sûre, on ne lésine pas sur les traitements avec le pommier.

Petit récapitulatif à l'usage des profanes. Pour répondre aux exigences de l'agriculture intensive et de ses rendements (70 tonnes à l'hectare contre 20 en bio), on a poussé le pommier à l'extrême. Première étape, la floraison, qui s'accompagne, forcément, d'une bonne douche d'hormones d'accrochage. Le but ? Faire en sorte que le pommier se charge de fruits, et donc que chaque fleur pollinisée donne une pomme. Deux chiffres. Avec hormones, presque 100 % des fleurs donneront des pommes. Sans hormones, on chute à 50 %. Soit moitié moins. D'un côté, un mode de culture à l'écoute de la nature, et, de l'autre, un système où l'on essaie vaille que vaille de la faire entrer dans des petites cases bien formatées. « En bio, on s'adapte à la météo. Quand les années sont belles, qu'il fait bien chaud, la floraison s'étale sur une dizaine de jours ; les années plus fraîches, sur trois semaines. Durant toute cette période, on scrute attentivement l'arbre, on regarde quels sont les fruits pollinisés, on inspecte, on surveille... », sourit Michel Delhommeau. Du côté des industriels, c'est plus cool. « Grâce aux hormones, ils accrochent tout ce qu'ils veulent dès la première floraison. Pas besoin de renouveler la manœuvre, au contraire, ils font tomber les autres floraisons puisqu'elles ne sont plus nécessaires », explique-t-il, dépité. Comment font-ils tomber ces fleurs ? Chimiquement, bien sûr ! Malgré cela, il y a toujours trop de pommes sur les pommiers pas bio. Si on les laisse toutes mûrir, les pommes risquent d'être trop petites, et les branches, surchargées, ploieraient sous le poids des fruits. Donc on asperge le pommier d'hormones d'éclaircissage. Après avoir poussé le pommier à l'excès, on le force à perdre une partie de ses pommes. Qu'importe, il s'agissait de petits fruits. La place est libre pour les bons gros fruits bien calibrés et répondant en tout point aux attentes de la grande distribution. Les hormones présentent un autre avantage : faire en sorte que toutes les pommes ou presque parviennent à maturité en même temps. Bref, sans hormones, c'est la pagaille : il faut s'y reprendre à cinq ou six fois pour ramasser ces sottes de pommes qui ont le mauvais goût de ne pas toutes mûrir en même temps. « Effectivement, en bio, on est tributaire de la nature, donc quand il y a trois semaines de floraison, pour la cueillette on aura le même décalage, et il faudra s'y reprendre à trois, quatre, cinq ou six fois pour ramasser toutes les pommes. Il est évident que les arboriculteurs industriels ont un confort de travail que l'on n'a pas, nous qui sommes toujours sur la brèche, mais ce prétendu luxe-là, on leur laisse volontiers. On a fait le choix de travailler avec la nature, ses imprévus, c'est ça l'intérêt de travailler avec du vivant », résume, philosophe, Michel Delhommeau.

Ah, j'oubliais : comme on a fragilisé les pommes avec les hormones de décrochage, il est nécessaire, du coup, de remettre un petit coup d'hormones d'accrochage sur le pommier, histoire que les fruits restent suffisamment longtemps sur l'arbre… Suivez le guide : hormones d'accrochage, puis hormones d'éclaircissage, puis de nouveau hormones d'accrochage. « Il n'y a pas de miracle et la nature est très bien faite. Quand une pomme s'accroche mal, c'est généralement qu'elle n'a pas assez de pépins. Ce fruit n'est pas complet. Qui dit moins de pépins dit moins de goût, un fruit plus sensible aux agresseurs, et dont la conservation sera plus délicate », souligne Michel Delhommeau. Grâce à toutes les hormones qu'on lui administre, ce fruit fragile a tout de même réussi à s'accrocher à son arbre. Mais comme il est bien plus vulnérable que les autres, il sera nécessaire de le traiter davantage. Après le body-builder porcin fragilisé à l'excès, voici la pomme high-tech, carrossée comme une formule 1 mais incapable de tenir la route face aux agresseurs.

Et c'est aussi pour cela que ces fruits nécessitent autant de traitements. « Aux temps glorieux de l'après-guerre, les fabricants de pesticides sortaient deux ou trois nouvelles molécules par an et nous expliquaient que, sans cela, point de salut », se remémore Michel Delhommeau, dont les parents ont choisi une tout autre voie dans les années 1970. « Le bio, au début, ç'a été très dur, on avait jusqu'à 80 % de pommes véreuses. Mais on s'est accrochés. » Pourtant, ce n'était pas chose aisée que de se convertir au bio. Personne auprès de qui prendre conseil. « Mes parents sont allés se former auprès d'arboriculteurs allemands qui les ont mis en contact avec des chercheurs suisses. En France, personne ne pouvait nous aider. »

Passionné, Michel Delhommeau sillonne son verger à longueur de journée. Pour lutter naturellement contre les agresseurs, il cultive plusieurs variétés de pommes ainsi que des pêches de vigne, des coings, des poires, des kiwis… « On plante 3 ou 4 variétés différentes par hectare ainsi que d'autres fruits. En fait, on essaie de recréer une biodiversité. Certaines variétés sont plus ou moins résistantes à certaines maladies, à certains insectes. Il faut donc éviter à tout prix l'uniformité. Le fait de n'avoir qu'une ou deux variétés offre un terrain favorable aux ravageurs en tout genre. L'uniformité va dans le sens de la maladie, de l'épidémie. » Autant dire que les vergers industriels, tous homogènes, avec une ou deux variétés phares qu'ils cultivent parce qu'elles offrent un bon rendement, sont de véritables autoroutes pour les maladies et les agresseurs. D'ailleurs, les industriels sont conscients de la fragilité de leurs vergers. Dès qu'il a plu quelques millimètres d'eau, ils les aspergent d'une bonne dose de produits antitavelure, un champignon qui laisse des lésions noires disgracieuses sur les pommes. Hors de question de prendre le moindre risque. Daniel Sauvaitre[1], arboriculteur au verger

1. Entretiens avec l'auteur, mars-octobre 2009.

du Tastet, à Angoulême, et porte-parole de Sauvons les fruits et légumes, est catégorique : sans pesticide, point de salut. Pour traiter ses pommiers, l'employé de Daniel Sauvaitre doit revêtir une véritable combinaison de cosmonaute. Impossible sinon de manipuler ces produits chimiques hautement toxiques. Le jeune homme mélange deux traitements. Un insecticide pour lutter contre les papillons, qu'il faut manipuler avec beaucoup de précaution. C'est un virus vivant qui va contaminer les larves. Et un fongicide permettant de lutter contre la tavelure. Daniel Sauvaitre est convaincu que tous ces traitements sont indispensables. « Ils sont gentils, les chercheurs et les écolos qui nous demandent de diminuer les traitements phytosanitaires. C'est complètement délirant. Si la tavelure attaque mes pommes, si elle fait des dégâts, mes fruits seront invendables. On est tous lourdement endettés, la tavelure peut faire disparaître une exploitation. On n'est pas des chercheurs confinés dans nos laboratoires, nous, ici, on joue à pommes réelles, et on paie les conséquences de nos actes. » Vous l'aurez compris, les arboriculteurs industriels ne sont pas encore prêts à abandonner leurs techniques de production, car les techniques alternatives, si elles donnent des résultats satisfaisants, nécessitent davantage de travail et de temps dans les vergers.

Contre le carpocapse, un papillon dont la larve se développe à l'intérieur du fruit, Michel Delhommeau utilise par exemple la confusion sexuelle. Ce sont de petites attaches chargées de phéromones femelles qui permettent de berner les papillons mâles : on les empêche ainsi de trouver leurs moitiés, donc de s'accoupler et de pondre des œufs. On pourrait mettre en œuvre ce procédé dans les vergers industriels, bien sûr, et certains commencent d'ailleurs à le faire, mais cela nécessite une vigilance de chaque instant. Lutter contre la tavelure de manière naturelle est aussi un travail de longue haleine qui se prépare dès l'automne. « On fait un premier passage en octobre, où l'on va broyer toutes les feuilles très finement. Il ne faut surtout pas qu'il reste de tavelure, car s'il en reste ne serait-ce qu'un petit peu, c'est de la tavelure en puissance pour l'année suivante », explique Michel. Puis, de mars à juin, période à risque s'il en est, on arpente le verger à longueur de journée afin de traiter les arbres. Les traiter, oui, mais au cuivre. La législation française autorise 6 à 7 kilos de matières actives par hectare. Michel Delhommeau, lui, en utilise entre 2,8 et 3,4 kilos. Il est également adepte des traitements aux algues, qui servent de biostimulant pour réveiller les anticorps de la plante. Mais cet arboriculteur n'en démord pas : le meilleur moyen d'éviter les maladies, c'est de ne pas trop pousser les arbres. « On arrive à une certaine maîtrise de tous ces phénomènes pour peu que l'on n'ait pas trop poussé l'arbre l'année précédente. Un arbre sain, pas fatigué, va mieux répondre aux demandes et aux agressions qu'un arbre qui aura été forcé. Les plantes qui poussent trop vite donnent des entrées plus grandes aux maladies. » La solution, c'est donc d'accepter de laisser du temps au temps. Voilà qui devrait plaire aux agriculteurs productivistes. Car prendre son temps, cela fait immanquablement baisser les rendements. Michel Delhommeau en sait quelque chose. En arboriculture « classique », on atteint un minimum de 70 tonnes de pommes à l'hectare quand son verger oscille entre 17 et 27 tonnes selon les variétés. Mais le métier n'est pas le même. « Eux bossent comme des techniciens, ils font ce que leur dictent les acheteurs de la grande distribution ou les coopératives. On leur a fait perdre leur pouvoir de décision. On a tué leur métier. Si les coopératives leur disent de ramasser les fruits à telle date, ils le font, tout en sachant pertinemment que le fruit n'est pas encore mûr », regrette Michel.

Dernière étape de cette production industrielle : le ramassage et le stockage des pommes. Pour que ces fruits poussés à l'excès se conservent près d'une année, on les asperge de fongicides avant la récolte. « Ce sont des produits de conservation véhiculés par la sève. Ils sont donc au cœur même du fruit », souffle Delhommeau. Puis, une fois les pommes ramassées, on les stocke dans de vastes hangars sous atmosphère modifiée. Enrichie en $CO_2$, celle-ci ralentit la respiration de la pomme, freine son métabolisme. Cette petite mort permet au fruit de rester sexy une année durant. Et tant pis pour le goût. L'essentiel, là encore, est de faire du chiffre, de fournir les grandes surfaces en continu, avec deux ou trois variétés marketées pour la grande distribution.

Au final, dans l'assiette, un fruit sans goût et truffé de résidus de pesticides. François Veillerette en a relevé six dans les pommes brésiliennes qu'il a fait analyser pour son récent rapport[1] : chlorpyrifos (éthyl), difénoconazole, flufénoxuron, phosmet (+oxon), dithiocarbamates et carbendazime. Gageons que, dans un verger français, on aurait retrouvé à peu près les mêmes. « Tous sont toxiques, soupire François Veillerette, et certains, comme la carbendazime, sont interdits en France et en Europe. La carbendazime est suspectée d'être mutagène et perturbateur endocrinien. Elle est classée parmi les cancérigènes potentiels par l'Agence de protection de l'environnement des États-Unis. On retrouve ces résidus à des doses certes inférieures aux limites autorisées par la loi. Mais, à titre d'exemple, les doses de résidus chimiques présentes dans ces pommes sont en gros 400 fois supérieures à ce que l'on tolère dans l'eau. » Que faire pour éviter d'avaler ces résidus de pesticides ? Laver les fruits et légumes ? « Ce

1. Étude du MDRGF rendue publique le 1er décembre 2010.

n'est pas suffisant, explique-t-il. Car cela dépend des propriétés physico-chimiques des pesticides, de leur solubilité dans l'eau par exemple. » Et cet expert de rire jaune des résultats d'une étude scientifique prouvant que laver les fruits à l'eau chaude et aux détergents permettrait de réduire un peu les résidus de pesticides ! Les peler, alors ? « Sauf que, pour éviter ses résidus, il faudrait retirer 8 millimètres sur la pomme. Dommage. C'est dans ces 8 millimètres que se trouvent aussi les vitamines. » François Veillerette ajoute, inquiet, que le pelage n'est d'aucune utilité contre les pesticides systémiques, de plus en plus couramment utilisés et qui pénètrent dans le cœur du fruit… Et que faire de tous les fruits et légumes que l'on ne pèle pas : les fraises, les salades, les framboises… ? Veillerette propose une solution simple et judicieuse : obliger les commerçants à afficher les résidus de pesticides qui restent sur les fruits et légumes que l'on achète. « Ce sont des informations que tout consommateur devrait avoir avant de glisser ou non un kilo de pommes dans son panier. Au lieu de se demander si l'on préfère les pommes roses, rouges ou vertes, on devrait se poser la question de savoir si l'on prend celles qui présentent 5 ou 10 résidus de pesticides », conclut-il.

## *Interlude : À mort, le fruit moche !*

On aurait pu croire que le 1er juillet 2009 serait à marquer d'une pierre blanche comme le jour où la Commission européenne a permis le grand retour des fruits et légumes moches sur nos étals. Finis les fruits et légumes sexy calibrés par l'Europe pour des consommateurs incultes, bonjour les *vegetables* biscornus qui plaisent tant aux amoureux de la bonne chère ! Sauf que, mis à part les producteurs bio, personne ne semble très pressé de revoir les fruits moches. Pourquoi ? Parce que, pour répondre à la précédente directive européenne, qui voulait que les fruits et légumes aient des mensurations de rêve, les producteurs de légumes conventionnels se sont lourdement équipés d'onéreuses machines, capables de calculer la coloration du légume ou du fruit, de précalibrer les pêches ou les oranges. Hors de question pour eux de revenir en arrière. Quant à la grande distribution, elle était, elle aussi, très opposée aux fruits moches pour la bonne et simple raison qu'elle n'a pas suffisamment de main-d'œuvre dans les centrales d'achat pour faire le tri entre les différentes tailles de fruits et fixer les prix. Le système de calibrage est décidément bien pratique. À chaque calibre son prix. S'il disparaissait, il faudrait remettre un peu d'humain dans tout cela. Embaucher des gens qui seront chargés de fixer les prix. Voilà qui ne pouvait que déplaire à la grande distribution. Du coup, c'est le seul sujet sur lequel grande distribution et agriculteurs se sont réconciliés et qu'ils ont décidé, main dans la main, d'enterrer. Vous ne voyez toujours pas de fruits moches sur vos étals ? Normal ! La grande distribution et les agriculteurs leur ont fait la peau. Dur, dur, d'être un fruit moche…

Chapitre 9

# Du blé au pain, un parcours sinueux

Ah, la baguette bien croustillante... Avec le béret, c'est l'emblème, le totem de la France dans le monde entier. Nous aussi, on l'aime bien, notre baguette. Ce ne sont plus les grandes amours d'il y a cinquante ans. On peut même dire qu'on l'aime deux fois moins aujourd'hui qu'hier. Mais tout de même, on en grignote 140 grammes par jour. Ce n'est pas rien.

Et qui dit pain dit blé. En France, la filière se porte bien, avec 36 233 milliers de tonnes de blé produites en 2009 sur près de 5 millions d'hectares. Les rendements sont optimaux : 95 quintaux à l'hectare d'après les agriculteurs, 80 selon les autorités, à croire que ces dernières veulent se montrer moins productivistes qu'elles ne le sont vraiment. En tout état de cause, le blé pousse deux fois mieux avec des engrais, des pesticides et de bons produits phytosanitaires qu'en bio, où les paysans peinent à atteindre les 55 quintaux à l'hectare.

Le blé meunier est rémunéré à sa teneur en protéines. « Du coup, pour qu'il pousse vite et surtout pour qu'il soit bien chargé en protéines, les agriculteurs chargent la mule avec de l'azote », peste Cyrille Deshayes, du WWF. Problème : quand on répand trop d'azote au pied d'un plant de blé, il verse, tombe par terre, car la tige, trop haute, ne supporte pas la charge de grains, et la récolte en pâtit. Mais que faire alors ? Réduire les doses d'azote, peut-être ? Mauvaise idée : cela risquerait de diminuer les rendements et les teneurs en protéines. Donc, l'azote, on le laisse dedans. Heureusement, l'imagination fertile des fabricants de produits phytosanitaires a trouvé la solution. Les raccourcisseurs : des produits chimiques qui fonctionnent comme des hormones et qui rendent le plant de blé nain. En gros, on peut asperger le plant de blé d'azote puisque, grâce au miracle des raccourcisseurs, il ne grandira pas.

« C'est un truc de fous, ces régulateurs de croissance, je ne sais pas comment on a pu en arriver là[1] », s'enflamme Alain Peretti, ancien directeur de la coopérative agricole des Producteurs du Séno-

1. Série d'entretiens avec l'auteur, mai 2009-mars 2010.

nais. Car ces régulateurs entraînent l'usage excessif d'engrais azotés et peuvent aboutir à polluer des nappes phréatiques. Comme l'excès de nitrates accroît également la sensibilité des plantes aux maladies, il faudra les traiter davantage aux fongicides. Un cercle vicieux comme l'agriculture productiviste les aime. « J'ai quasiment réussi à tout arrêter dans ma coopé », se félicite Alain Peretti. C'est donc possible. « Oui, mais seulement si vous faites le choix de la qualité et si vous acceptez de rémunérer les agriculteurs non pas aux quantités produites mais à la qualité de ce qu'ils font », poursuit Peretti, qui a établi un cahier des charges très strict pour ses agriculteurs. Il a notamment décidé de faire le ménage dans toute la chimie qu'on mettait jusque-là dans le blé. Après avoir interdit les régulateurs de croissance, il a également mis un veto aux cultures trop proches des routes et des autoroutes. « C'est la moindre des choses ! Même en Chine ils le font. Ils plantent des eucalyptus le long des routes et en aucun cas des cultures destinées à la nourriture humaine ou même du bétail. » Pourquoi ? Parce qu'au bord des autoroutes les récoltes se chargent de métaux lourds, d'huile de vidange et de gomme de pneu. Rien de très appétissant, en effet.

Autre grande avancée de la coopérative : l'interdiction totale des pesticides de stockage. En ventilant les silos et en maintenant les grains au frais, il devient inutile de les traiter. Or c'est ce traitement de stockage que l'on retrouve dans les farines, et donc dans notre pain et notre nourriture. Les résultats d'analyses pratiquées pour le MDRGF sur des pains complets ont révélé la présence en quantités importantes de deux pesticides, le pirimiphos méthyl et le pipéronyl butoxide. Ces produits ne sont pas utilisés lors de la culture, mais pendant le stockage des blés dans les silos. Or on compte jusqu'à mille fois plus de résidus d'insecticide de stockage que de ceux utilisés lors de la culture du blé. Ces doses sont bien supérieures à celles que l'on retrouve dans les fruits et légumes. Pourtant, pour éviter de traiter les grains, il existe une solution simple : stocker le blé dans des silos réfrigérés où la température ne dépasse pas 10 °C. Problème, ces silos coûtent très cher. Seules quelques coopératives, comme celle d'Alain Peretti, appartenant à la filière culture et ressources contrôlées ou à la filière bio, en sont équipées. Au total, sur les 5 millions de tonnes de blé nécessaires à la meunerie française, seules 180 000 tonnes sont conservées dans ce type de silos. Dommage. Les consommateurs, rassurés, en raffolent, les boulangers aussi, et les agriculteurs sont bien mieux rémunérés.

Yvon Foricher[1] est meunier. Il possède le moulin des Gaults, dans le Loiret. Voilà quelques

1. Série d'entretiens avec l'auteur, mars 2009-été 2010.

années, il a décidé de ne travailler qu'avec du blé CRC. Pourquoi cette volonté de changer ? « Avant, quand la cargaison de blé arrivait et que j'assistais au déstockage, je me mettais instantanément à saigner du nez. Et j'avais des maux de tête effroyables. C'était systématique, à chaque déchargement, je saignais du nez. Je me demandais ce que j'avais, puis un médecin a fait le lien avec les insecticides de stockage. C'est ça qui me rendait malade. » Yvon décide alors de travailler avec des blés non traités. Et depuis ce jour, plus aucun saignement de nez... Hors de question pour lui de continuer à faire des pains complets avec autre chose que du blé bio ou du blé issu de la filière CRC. « Pour faire du pain complet, il faut l'écorce du blé. Or c'est elle qui est au contact des pesticides de stockage pendant de longs mois », souligne le meunier. Autant dire que, pour que votre pain complet reste un pain santé, mieux vaut le prendre en bio. Bien souvent, on absorbe un cocktail chimique en croyant consommer un pain bon pour notre santé. Et que l'on paie beaucoup plus cher qu'une simple baguette.

Outre les résidus de pesticides, les pains complets sont également truffés d'additifs chimiques. « Il y en a plus de 200 autorisés au niveau européen », sourit, narquois, Yvon Foricher. On pense acheter un pain santé, fait maison par votre boulanger. Hélas, le plus souvent, on achète un pain élaboré grâce à un kit industriel. Un prémix de farines complètes, d'additifs, parfois de morceaux de fruits, de céréales, concocté dans des usines pour que les boulangers n'aient plus à faire eux-mêmes leur pain complet. C'est que le pain complet nécessite plus de travail, plus de temps, plus de savoir-faire. Bref, il coûte cher au boulanger et se vend au final assez peu.

Et nous autres, consommateurs, comment fait-on pour distinguer le bon grain de l'ivraie ? Le vrai pain maison du faux pain complet concocté à partir de kits industriels truffés d'additifs ? « On ne peut pas, regrette Yvon. C'est inadmissible, d'ailleurs, il faudrait pouvoir informer le consommateur. » Bien sûr, ces additifs ajoutés à ces excellents pains santé sont tous, sans exception, made in China.

Michel Izard[1], merveilleux boulanger installé à Lannilis, dans le Finistère Nord, s'est amusé pour moi à faire un pain avec ces kits fabriqués par les industriels. « Pour devenir un bon boulanger de pains industriels, un seul instrument suffit », déclare-t-il en faisant claquer sa paire de ciseaux. Ce n'est pas compliqué, il suffit de lire la notice. Vider le sac. Mélanger pendant cinq minutes Six petites minutes de pétrissage, et la pâte est prête. Encore une heure pour la laisser monter. On

1. Série d'entretiens avec l'auteur, mars 2009-août 2010.

enfourne. Magie de la chimie, il aura suffi d'une heure et demie, montre en main, pour faire un pain aux céréales. Michel Izard, lui, met habituellement huit heures pour faire le sien.

## CHAPITRE 10

# C'est beau comme du phyto

Il fait 40 degrés, en cette belle journée du printemps 2009. Malgré la chaleur étouffante, il a fallu se harnacher avec d'épaisses blouses en plastique. Chausser d'énormes lunettes de plongée qui vous mangent la moitié du visage, porter un casque, enfiler une charlotte sur la tête. Pourquoi cet accoutrement ? Parce que c'est le sésame indispensable pour pénétrer dans une usine de pesticides sise dans l'Eure. Laurent Péron, directeur de la communication chez Syngenta, un homme à l'allure d'acteur de cinéma, sera notre guide. Il semble avoir été formaté « sur mesure » pour faire passer aux journalistes un message clair : les phytos, c'est beau. D'ailleurs, votre guide a les yeux bleus et ne porte pas de charlotte sur la tête, mais une jolie casquette, pendant que les journalistes suent sous leur casque en plastique.

C'est tellement beau, le phyto, que ce n'est presque plus dangereux. À entendre Laurent Péron, on devrait s'enorgueillir d'être le premier pays d'Europe pour la consommation de pesticides et le quatrième à l'échelle mondiale, derrière les États-Unis, le Brésil et le Japon, avec environ 78 000 tonnes de matières actives répandues sur nos sols et dans nos eaux. Cette utilisation massive a une explication simple, à en croire Jean-Charles Bocquet, directeur général de l'Union des industries de la protection des plantes (UIPP), l'organe de lobbying des principaux fabricants de pesticides, insecticides et fongicides[1]. Si nos paysans épandent tant de produits, c'est uniquement parce que la surface agricole française est très importante. Mais comment se fait-il alors que l'Espagne, qui a une surface agricole quasi équivalente à la nôtre, en utilise près de quatre fois moins ? « La faute au climat et à cette satanée façade atlantique, martèle Jean-Charles Bocquet. Il fait beaucoup plus sec en Espagne, du coup les maladies se développent moins. » Et de narrer ses déboires d'ancien commercial, parachuté en Espagne par l'un des leaders de la fabrication de pesticides. Jean-Charles Bocquet devait vendre des fongicides à des agriculteurs qui, selon ses propres dires, n'en avaient pas besoin. Il faut

1. Séries d'entretiens avec l'auteur, mars 2009-décembre 2010.

croire que lui et ses successeurs ont su se montrer persuasifs, car aujourd'hui l'Espagne en achète pour 176 millions d'euros. C'est le seul produit que les agriculteurs espagnols utilisent plus que les Français.

Reprenons. Le climat hexagonal est donc contre l'agriculteur français. C'est l'unique raison qui le pousse à traiter davantage que ses collègues étrangers. « Bon, reconnaît Jean-Charles Bocquet, il est certain également que les années comme celle-ci, où le prix du blé atteint des sommets, les agriculteurs cherchent à assurer leur récolte, et ont tendance à traiter plus. » Pour le consommateur, c'est donc la double peine : il paie plus cher des denrées alimentaires qui risquent, en outre, d'être gorgées de résidus… Récapitulons. Si l'agriculteur français traite beaucoup, c'est parce qu'il a beaucoup d'hectares, qu'il fait un temps de chien et qu'il veut gagner de l'argent. Malgré cette manne, les fabricants de phytos souffriraient eux aussi, énormément. Habitués depuis la fin de la Seconde Guerre mondiale à inonder le marché français de leurs produits, ils feraient face aujourd'hui à une volatilité des ventes. Qu'on se rassure, ces dernières ont tout de même atteint les 2,064 milliards l'an passé[1]. Autant d'argent qui ne finira même pas dans les poches de l'État,

1. UIPP, rapport d'activité 2010.

puisque aucun des leaders mondiaux – BASF, Bayer, Syngenta ou encore Monsanto – n'est français.

Retour à l'usine. Devant nous se déploie un ballet d'élévateurs téléguidés par un filage électronique. Il faut à tout prix éviter un télescopage de palettes qui pourrait être fatal. Les mélanges hasardeux de ces produits dangereux seraient forcément toxiques. Glissons rapidement sur cette idée de dangerosité qui ne présente pas grand intérêt ; la visite continue. Nous pénétrons alors dans une salle où une énorme machine brasse et produit un liquide d'un coloris sublime destiné à traiter les grains. Le produit en question doit ses magnifiques irisations métallisées au mica, qu'on ajoute dans le colorant des grains de blé. Le même mica que l'on retrouve dans les rouges à lèvres ! En résumé, on rend les grains de blé sexy pour attirer le regard des agriculteurs. On utilise donc un marketing identique pour vendre du blé traité et des cosmétiques. « L'idée ? Déclencher un coup de cœur ! » s'enflamme Laurent Péron. Ces semences, enrobées d'insecticides neurotoxiques[1] véhiculés par la sève même de la plante, sont belles, chatoyantes, de toutes les couleurs. On en oublierait presque qu'elles sont dangereuses. Et c'est bien là le but de la manœuvre

1. C'est-à-dire qui agissent sur le système nerveux des insectes.

Paysans, consommateurs, on est tous intoxiqués par la logorrhée prétendument rassurante des faiseurs de phytos. Le terme lui-même, un peu grec, un peu rigolo, rassure. Ce n'est pas comme pesticide, insecticide, fongicide, autant de mots que les fabricants de ces produits ont définitivement bannis de leur vocabulaire. D'ailleurs, on ne dit même plus phytosanitaire, mais « produit de défense de la santé végétale ». Laurent Péron est serein. Il plante ses yeux bleus dans les vôtres, et répond à nos questions tout à fait tranquillement. « Les produits phytosanitaires ne sont pas dangereux, ce sont les agriculteurs qui les utilisent mal. Pourquoi ? Car ils ne lisent pas suffisamment les étiquettes et les notices de nos produits. » Pour l'industrie des pesticides, la réponse est donc claire. Leurs produits ne sont pas des poisons, ce sont les agriculteurs qui sont des abrutis, incapables de lire une étiquette correctement. Et qu'importe si ce sont eux les premières victimes de ces cochonneries qui les intoxiquent au quotidien. Ils n'avaient qu'à lire les étiquettes.

### *Le syndrome de Stockholm*

On n'a jamais vu population plus solidaire de ses propres bourreaux que les paysans. C'est comme si toutes les campagnes de France étaient frappées du syndrome de Stockholm, ce comportement paradoxal des victimes de prise d'otages envers leurs geôliers. L'agriculteur est aujourd'hui la première victime du système productiviste, et pourtant il le défend bec et ongles. Prenons le problème des pesticides. D'accord, nous en sommes tous victimes. D'après François Veillerette, nous avalons au bas mot entre 20 et 30 résidus de pesticides tous les jours, en croquant dans nos pommes, nos fraises, nos patates et autres tomates. Dans une récente étude menée par des laboratoires de recherche à la demande de son association, les scientifiques ont détecté dans les repas journaliers types d'un enfant de dix ans 44 résidus de pesticides, issus de 36 substances différentes, dont 18 cancérigènes possibles[1]. Angoissant ? Tout comme les contrôles réalisés par la répression des fraudes en 2007 sur 3 742 échantillons de fruits et légumes. 52,1 %, donc plus de la moitié des produits testés, contenaient des résidus de pesticides. Plus de 7,2 % des légumes contenaient plus de résidus de pesticides que ce que la loi autorise. Attention à vous notamment si vous êtes fanatique de poivron, de piment, de tomate, de poireau, de laitue et d'épinard ! Ces légumes-là sont particulièrement truffés de résidus. Pour les fruits, on bannit fraises, raisins et mandarines, qui font partie du peloton des 8,5 %

1. Étude disponible sur www.menustoxiques.fr.

qui dépassent les limites maximales de résidus. Comptez la même dose dans les céréales… Sur une fraise, on peut retrouver jusqu'à 12 substances différentes ! Mais c'est seulement pour éviter les phénomènes de résistance que l'on en retrouve autant, vous expliqueront les fabricants de pesticides. Bref, c'est pour votre bien. Parce que, sinon, l'agriculteur, qui a forcément la main lourde, mettrait trop de produits et rendrait ces derniers inefficaces contre les maladies.

« C'est surtout parce qu'en utilisant plusieurs molécules vous avez toutes les chances de rester en dessous des limites maximales de résidus », rectifie François Veillerette, pas dupe. Dans l'étude publiée par son association (MDRGF) et rendue publique le 1er décembre 2010, les 44 résidus de pesticides retrouvés dans l'assiette de nos enfants étaient presque tous sous le seuil des limites autorisées par la loi. 44 résidus ingurgités quotidiennement, même en dessous des limites légales, cela nous expose à un sacré cocktail ! « On voit bien dans cette enquête que la réalité de l'exposition des consommateurs aux contaminants est préoccupante, car elle résulte de l'ingestion de cocktails de très nombreuses substances. Or l'effet de synergie de ces cocktails n'est pas pris en compte dans l'évaluation des risques posés par ces différentes substances. Et le risque final pour le consommateur est donc probablement sous-estimé », regrette Francois Veillerette.

Des craintes étayées par les recherches scientifiques : ainsi l'étude menée par Steven Arnold, qui prouve que des pesticides aux potentiels œstrogéniques faibles, donc peu dangereux pris isolément, avaient des effets jusqu'à 1 000 fois supérieurs lorsque ces produits étaient mélangés[1]. Des inquiétudes d'ailleurs relayées par les ministres de l'Environnement de l'Union qui, le 22 décembre 2009, ont solennellement reconnu qu'il était « nécessaire de développer des méthodes concertées d'évaluation » de ces fameux effets cocktail.

Et encore ne s'agit-il ici « que » des molécules autorisées. Que dire de toutes celles qui ne le sont pas et qui pénètrent quotidiennement sur nos territoires, faute de contrôles suffisants ? D'après les résultats de l'étude menée par François Veillerette, les haricots kenyans étaient truffés de substances dont l'usage est strictement interdit en France. Mais les fraudeurs peuvent continuer à épandre *larga manu*, car la répression des fraudes fait ce qu'elle peut avec les piètres moyens qu'on lui accorde. Chaque année, de nouvelles substances voient le jour, et chaque année il faut arriver à les pister. 300 en moyenne pour la France, 900 dans le monde entier. Dans le même temps,

1. Arnold *et al.*, « Synergistic Activation of Estrogen Receptor with Combinations of Environmental Chemicals », *Science*, vol. 272, n° 5267, 7 juin 1996, p. 1489-1492.

on n'a cessé de réduire les effectifs de la répression des fraudes.

Voilà qui devrait nous aider à considérer d'un autre œil toutes les verdures que nous nous forçons à ingurgiter quotidiennement pour répondre aux sacro-saintes injonctions du programme national nutrition santé. L'assiette devient tout risque.

Des chercheurs américains se sont livrés à une étude intéressante qui fera froid dans le dos à tous les parents d'enfants en bas âge[1]. Ils ont scruté l'urine de 23 marmots scolarisés en primaire. Pendant 5 jours consécutifs, les enfants ont eu l'heur de manger bio. 5 petites journées seulement. Pourtant, ces cinq jours ont suffi à faire dégringoler le taux de pesticides contenus dans leur urine. On réintroduit des fruits et légumes issus de l'agriculture conventionnelle, et hop ! le taux de résidus dans leurs urines grimpent à nouveau vers des sommets vertigineux. Conclusion des chercheurs : les enfants sont surtout exposés aux pesticides organophosphorés par le biais de leur alimentation quotidienne. Et les nourrir bio

1. Chensheng Lu, Kathryn Toepel, Rene Irish, Richard A. Fenske, Dana B. Barr et Roberto Bravo, « Organic Diets Significantly Lower Children's Dietary Exposure to Organophosphorus Pesticides », *Environmental Health Perspectives*, 114 (2), février 2006, p. 260-263.

permet de les protéger contre ces pesticides. De quoi angoisser tous les parents. Sauf que ce sont des éléments à prendre en considération, puisque, selon de récentes recherches, les enfants et les nourrissons seraient jusqu'à 164 fois plus sensibles aux pesticides que les adultes. Or, comme un enfant est plus léger que nous, on considère qu'il mange 6 fois plus de fruits, 2 fois plus de légumes et de 3 à 5 fois plus de céréales qu'un adulte. Autant dire qu'il avale aussi 6 fois plus de résidus de pesticides de fruits, 2 fois plus de résidus de légumes et 3 à 5 fois plus de résidus de céréales. Aux États-Unis, 9 enfants sur 10 âgés de 6 mois à 5 ans sont exposés quotidiennement à une combinaison de 13 insecticides organophosphorés dans les produits alimentaires. D'ailleurs, le comité scientifique de la Commission européenne en a tenu compte et a imposé aux industriels des limites maximales de résidus plus faibles (0,01 mg/kilo) pour les produits à destination des nourrissons. Ce qui veut dire que, quand votre bambin ingurgite de la nourriture industrielle concoctée par les mastodontes de l'agroalimentaire, il est protégé par la directive européenne, mais quand vous lui mitonnez vous-même de bons petits plats à partir de fruits et légumes non bio, il n'est plus protégé… Bref, en vous décarcassant derrière les fourneaux pour éveiller son goût des bonnes choses, vous risquez de lui faire manger davantage de résidus de pesticides que si vous aviez acheté un plat tout fait… Triste à pleurer.

Selon un rapport publié en juillet 2010 par les scientifiques de l'organisation anglaise The Chem Trust, l'exposition aux pesticides avant la conception, pendant la grossesse ou durant l'enfance semble augmenter significativement le risque de cancer chez l'enfant. L'exposition durant la grossesse serait particulièrement préoccupante. Angoissant, surtout au regard des résultats de l'étude Pélagie menée par Cécile Chevrier et Sylvaine Cordier, de l'INSERM de Rennes, entre 2002 et 2006 sur 3 400 femmes enceintes résidant en Ille-et-Vilaine, Côtes-d'Armor et Finistère. Chez 95 % des femmes, on retrouve des traces d'insecticides organophosphorés. Chez 30 à 40 %, des traces d'herbicides de la famille des triazines, utilisés dans la culture du maïs jusqu'à leur interdiction en 2003, mais toujours présents dans l'environnement, l'eau et les urines des femmes enceintes…

D'ailleurs, les conclusions d'une grande enquête épidémiologique lancée dans le cadre du projet sur le système automatisé de l'information sur le cancer des enfants du CIRC (Centre international de recherche sur le cancer) sont formelles : le cancer augmente rapidement chez les enfants en Europe, et jusqu'à 17 % des cas seraient provoqués par les modes de vie modernes et les changements de l'environnement. L'étude a pris en compte 77 111 cas de cancers infantiles diagnostiqués entre 1978 et 1997 dans quinze pays européens. Le nombre de cancers chez les enfants de moins de 14 ans a augmenté en moyenne de 1,1 % par an. On a constaté une prolifération des cancers infantiles, y compris des tumeurs du cerveau, des cancers des testicules, des reins, des leucémies et des sarcomes des tissus mous (le cancer du tissu conjonctif). Les chercheurs de The Chem Trust rappellent qu'en Grande-Bretagne, sur les trente dernières années, les lymphomes non hodgkiniens ont plus que doublé. Les cancers des testicules ont été multipliés par deux, ceux de la prostate par trois. Les cancers du sein ont augmenté de deux tiers. Rien que sur l'année 2009 il y a eu une augmentation de 16,8 % des cas de cancer en France. Ceux de l'enfant ont, eux, grimpé de 35 % ces dernières années… L'InVS publiait en décembre 2010 une étude sur l'incidence des cancers de l'enfant en France[1]. Sur la période 2000-2004, 8 473 nouveaux cas de cancer ont été recensés chez les enfants de moins de 15 ans domiciliés en France métropolitaine. Selon cette institution, un enfant français sur 440 va développer un cancer avant l'âge de 15 ans. Les cancers les plus fréquents

1. InVS, « Incidence des cancers de l'enfant en France : données des registres pédiatriques nationaux, 2000-2004 », *Bulletin épidémiologique hebdomadaire*, n° 49-50, 28 décembre 2010.

sont les leucémies (29 %), les tumeurs du système nerveux central (23 %), les lymphomes (12 %) et les neuroblastomes (8 %). « Selon les chiffres de l'InVS[1], l'incidence du cancer en France a progressé entre 1980 et 2005 de 93 % chez l'homme et 84 % chez la femme. Or le changement démographique n'explique que 41 % de cette augmentation chez l'homme et 29 % chez la femme. Le reste, soit une augmentation de 52 % pour l'homme et 55 % pour la femme, doit être attribué à des causes environnementales au sens large, c'est-à-dire, entre autres, à l'alimentation. Un Européen sur trois se verra, au cours de sa vie, diagnostiquer un cancer. Alors il est temps de cesser de se cacher derrière de grandes études épidémiologiques qui reviennent à compter les cercueils, en attendant que le nombre devienne significatif, et d'agir », s'emporte François Veillerette.

Le coût humain de cette terrible maladie est effarant. Mais son coût pour la société ne l'est pas moins. En France, le coût du cancer, supporté par la Sécurité sociale et la collectivité dans son ensemble, s'est élevé à 12,8 milliards de dollars en 2009. Pour le monde, on atteint les 895 milliards de dollars en 2008. Soit 1,5 % du PIB mondial[2].

1. InVS, « Estimation de l'incidence et de la mortalité par cancer en France de 1980 à 2005 », juillet 2009.

2. Étude menée par l'American Cancer Society et l'Organisation mondiale de la santé (OMS).

Effrayant ? Pourtant, malgré l'imprégnation quotidienne que nous subissons et les risques qu'elle nous fait encourir, nous ne sommes pas les premières victimes des pesticides. Les premiers touchés sont, sans conteste, les paysans. Selon un rapport destiné à la FAO, le Programme des Nations unies pour l'environnement et l'Organisation mondiale de la santé, 25 à 77 millions de travailleurs agricoles dans le monde sont victimes d'empoisonnement aigu par les pesticides. Parmi eux, au moins 1 million doivent être hospitalisés chaque année.

Ce n'est pas tout. En juin 2009, une équipe de chercheurs de l'unité INSERM « Neuroépidémiologie » a démontré que les agriculteurs, parce qu'ils étaient directement exposés aux pesticides, présentaient deux fois plus de risques de développer la maladie de Parkinson que le reste de la population. Bien entendu, le risque augmente avec le nombre d'années d'exposition.

Les cancers, enfin. Là encore, les pouvoirs publics tentent de minimiser, tant que faire se peut, l'impact des pesticides sur la santé. Mais d'euphémisme en euphémisme, on parvient à lire entre les lignes. Les rapports reconnaissent *ad minima* « de fortes suspicions sur le rôle des pesticides dans le développement de pathologies chroniques (cancers, troubles neurologiques, troubles de la reproduction, leucémie) ». L'étude « Agriculture Health Sudy », menée en 1994 par le National Cancer Institute sur plus de 50 000 agriculteurs utilisateurs de pesticides dans l'Iowa et en Caroline du Nord[1], prouve que les agricultrices présentent un risque plus élevé de développer un cancer du sein (+ 9 %). Chez les hommes, c'est la prostate qui est touchée (+ 24 %). À cela s'ajoutent les lymphomes non hodgkiniens, les cancers du cerveau, les leucémies… Les plaintes pour maladies professionnelles se multiplient d'ailleurs à la Mutuelle sociale agricole. Mais pour faire la preuve de son empoisonnement par les pesticides, pour que la maladie soit reconnue, l'agriculteur doit subir un véritable parcours du combattant.

Sylvain Médard[2] en sait quelque chose. Technicien chargé de tester les pesticides pour une coopérative agricole, il travaillait en plein champ, comme n'importe quel paysan, et testait les nouveaux produits qui allaient ensuite être vendus aux agriculteurs par le biais de leur coopérative. Sylvain, comme la majorité des agriculteurs, travaillait le plus souvent sans protection. « L'été, il était en tongs et en short pour épandre les pesticides et les fongicides[3] », vitupère son avocat Michel Ledoux. D'ailleurs, cela ne semblait choquer personne

1. L'étude portait également sur plus de 30 000 conjoints ainsi que près de 5 000 applicateurs professionnels.

2. Entretien avec l'auteur, printemps 2009.

3. Entretien avec l'auteur, novembre 2010.

autour de lui. Aucun de ses patrons ne l'a jamais mis en garde. En 1997, il tombe malade. « C'était le 12 juillet exactement, se remémore-t-il avec précision, je faisais une visite de silo. Il fallait grimper des petites marches, que tu enjambes quatre à quatre. Je les montais tout le temps, sans que cela me pose aucun problème d'ailleurs. Là, je ne sais pas ce qui s'est passé, mais arrivé en haut j'ai ressenti une énorme fatigue, l'impression que mes jambes me lâchaient. J'ai mis plus d'une heure et demie à redescendre, et encore, parce qu'un collègue m'a aidé. » Première alerte, suivie, hélas, de plusieurs autres. Quelques jours plus tard, il perd le contrôle de son véhicule et a un accident. Les premiers arrêts de travail commencent. Il maigrit, est hospitalisé, puis renvoyé chez lui parce que personne n'est capable de mettre un nom sur son mal. « Je pensais devenir fou », s'émeut-il. Mais après trois mois à être trimballé de service en service, les médecins finissent par diagnostiquer une myopathie mitochondriale. Sous le choc, Sylvain Médard ne baisse pas les bras. Il prend un avocat. « Et là commence le long chemin de croix de toutes ces victimes des pesticides pour que leur maladie soit reconnue maladie professionnelle », soupire Michel Ledoux. Ce dernier saisit le comité régional de reconnaissance des maladies professionnelles du Nord-Pas-de-Calais. Pourquoi cette démarche ? Parce que les maladies engendrées par les pesticides ne sont pas reconnues comme telles et n'apparaissent pas dans les tableaux des maladies professionnelles. Le 7 juillet 1999, ce comité reconnaît que la myopathie de Sylvain Médard est bel et bien une maladie professionnelle. « C'est déjà une première victoire, tous ne sont pas si chanceux. L'un de mes clients, pourtant atteint d'une leucémie engendrée par l'usage de pesticides, a vu son cas rejeté par le comité de Nancy. Les avis étaient contradictoires. Les experts ont conclu que le lien entre sa maladie et les pesticides était possible mais pas certain ; il a été débouté. »

Passé cette première étape, Sylvain Médard poursuit son employeur, la coopérative CAPSOM, devant le tribunal des affaires de Sécurité sociale d'Amiens (Somme), pour faute inexcusable. Il remporte son procès le 23 mai 2005. Il aura donc fallu huit années de procédure pour que ses employeurs reconnaissent leur faute. Ce procès aura été infiniment éprouvant pour Sylvain. « Il était très difficile d'obtenir des témoignages. Les gens ont peur. Un ami est venu me voir, la nuit, il m'a dit : “Sylvain, je ne pourrai pas témoigner pour toi, j'ai besoin d'un prêt et tu sais que si je me mets la coopé à dos, je ne l'aurai jamais, ils vont tout me prendre.” » Son avocat confirme : « Sylvain Médard a été mis à l'index dans son village, personne ne lui adressait plus la parole. Il y a plein d'agriculteurs malades, mais très peu veulent prendre le risque de porter plainte. Il faut qu'ils soient sérieusement esquintés pour oser le faire. » Dans ce milieu, c'est la loi du silence qui prévaut : « La Sécurité sociale agricole, ce sont des taiseux, ils préfèrent la fermer et ne pas scier la branche sur laquelle ils sont assis ! Ils sont tellement liés à l'agriculture productiviste. » Et les agriculteurs, dans tout cela, pourquoi gardent-ils le silence ? « Par crainte de tout perdre, d'être mis au ban de leur coopérative, de leur village, de s'enferrer dans la spirale du surendettement. C'est tout le paradoxe actuel : les agriculteurs préfèrent défendre ceux-là mêmes qui les rendent malades », souligne encore l'avocat.

Les fabricants de produits phytosanitaires sont-ils au moins conscients des risques qu'ils font courir aux agriculteurs ? Que nenni ! À entendre Jean-Charles Bocquet, directeur général de l'UIPP, « la vie des paysans est belle, ces veinards sont d'ailleurs en bien meilleure santé que nous autres pauvres citadins ». Et les études de l'INSERM sur Parkinson, cette myopathie reconnue maladie professionnelle ? Pas clair, tout ça, selon le lobbyiste : « Pour nous, les maladies des agriculteurs proviennent davantage du *cursus labori*, ils mettent du gasoil dans leur tracteur, autant de pratiques qui peuvent les rendre malades. » « C'est cela ! fulmine l'avocat de Sylvain Médard, les agriculteurs sont en train de mourir du gasoil de leur tracteur ! Les cas se multiplient, les agriculteurs oseront de plus en plus parler, et on finira par briser cette omerta qui permet aux faiseurs de produits phyto de continuer à nous vendre leur soupe et leur langue de bois », prévient-il.

En attendant, les contaminations continuent sans faire de bruit. Sylvain Médard a été rendu malade à cause d'une molécule, la strobilurine, contenue dans un fongicide. C'est Pierre Rustin, directeur de recherche à l'INSERM, qui a établi le lien entre le fongicide utilisé par Sylvain Médard et sa maladie. « La respiration des plantes fonctionne de la même manière que celle des animaux, c'est exactement le même processus. Ces produits s'attaquent aux mitochondries et déclenchent des myopathies chez les "prédateurs" de la plante. Or toutes les substances qui vont viser les mitochondries des plantes, des champignons, vont aussi affecter la respiration cellulaire humaine. Les dégâts sont potentiellement communs. » Autant dire que, en déclenchant une myopathie sur les champignons de la plante, on peut potentiellement en déclencher une chez l'homme. Le chercheur s'emporte contre le fait que l'on ne prévienne pas suffisamment les agriculteurs de la dangerosité des produits qu'ils manipulent et des risques qu'ils prennent à les utiliser. Réponse de l'UIPP par la bouche de Jean-Charles Bocquet : ils sont prévenus, s'ils prennent des risques, c'est qu'ils lisent mal la notice. Une position un brin cynique, parce que de tels comportements, on en trouve chez les agriculteurs modèles, ceux-là mêmes chez qui le patron de l'UIPP envoie les journalistes.

Rendez-vous pris chez Christophe Grison, agriculteur à Mareuil-sur-Ourcq où il cultive 200 hectares, essentiellement de blé. Christophe Grison fait « tout » bien. Il a un tracteur à filtre à charbon hermétiquement fermé (depuis peu, notez bien : il y a quelques années encore, il épandait avec un tracteur banal ouvert aux quatre vents et donc aux pesticides). Il a un local phyto high-tech qu'il aime à faire visiter aux journalistes. Bref, c'est l'agriculteur modèle tel que le rêvent les fabricants de pesticides. Pourtant, même Christophe Grison n'est pas vraiment conscient des risques. Le jour de la visite, il se préparait à épandre un fongicide sur ses plantes. Il avait pour seule protection des lunettes et des gants. Et encore, c'était bien parce que la journaliste était là. Je l'interroge. Il ne se protège pas plus que cela ? « Non, là, c'est un produit inoffensif, un fongicide, une simple strobilurine… » Une simple strobilurine. Exactement la même molécule que celle qui a rendu Sylvain Médard malade il y a quinze ans…

L'agriculteur est malade, d'accord, il est intoxiqué aux pesticides, soit. Mais que cet homme-là est heureux ! Ah, la vie au grand air ! Les grands espaces ! Sauf que, ça aussi, c'est du pipeau. Les agriculteurs n'ont pas le moral, mais alors pas du tout. C'est l'une des professions où l'on se suicide le plus. Mais, là encore, c'est l'omerta. La Mutuelle sociale agricole enquête dans chaque région mais ne consolide pas ses chiffres au niveau national. On apprend au détour d'un entretien qu'en Basse-Normandie la MSA a recensé 9 suicides d'agriculteurs sur les trois premiers mois de 2010. Le Centre d'épidémiologie sur les causes médicales de décès avance que le taux de suicide des agriculteurs est le plus élevé toutes catégories socioprofessionnelles confondues. Il est de 32 pour 100 000, contre 28 pour 100 000 chez les ouvriers et 8 pour 100 000 pour les cadres. En tout, 400 suicides par an. Plus d'un par jour. Certaines régions vont plus mal que d'autres. La Bretagne, notamment. Sur 100 suicides chez les Bretons de 25 à 59 ans, 14 sont des agriculteurs. Surendettement, solitude, difficulté du travail, les paysans ne sont pas épargnés. Et une chose est certaine, ils ne sont jamais soutenus.

Physiquement ça ne va pas, moralement, pas mieux, et financièrement, c'est pire. L'an passé, les revenus des agriculteurs se sont littéralement effondrés : – 46 % en Bretagne, – 50 % en Picardie, – 58 % en Basse-Normandie. Les revenus des éleveurs laitiers ont chuté de moitié. Tout cela pourquoi ? Parce qu'on a poussé les jeunes à s'endetter toujours plus, pour acquérir du matériel hypermoderne et hors de prix, seul capable de leur permettre d'atteindre les rendements astronomiques imposés par les coopératives. Cercle vicieux par excellence. Ils se sont endettés pour pouvoir produire davantage, et comme ils sont lourdement endettés, ils sont contraints de produire toujours plus pour rembourser leurs emprunts. Sauf qu'à force de faire de la quantité et non de la qualité, ils sont payés chaque jour un peu moins cher. Et ce n'est pas la fausse embellie de cette année qui doit nous leurrer. Certes, selon la commission des Comptes de l'agriculture, les revenus moyens des paysans auraient progressé de 66 % en 2010. Une augmentation spectaculaire qui trouve son explication dans des raisons conjoncturelles : la hausse vertigineuse du prix des céréales dues à l'embargo russe (+ 130 % pour les céréaliers). Et un retour à la normale pour le lait, largement dû aux interventions des politiques publiques. Ne soyons pas dupes. Selon l'INSEE[1], cette hausse miraculeuse de leur revenu permet aux agriculteurs d'atteindre le niveau de ce qu'ils gagnaient. en 1990. Soit 11 % de moins qu'en 2007. Le système reste donc infiniment volatil et instable. Rien ne semble pouvoir empêcher la répétition des crises.

Malgré cela, les paysans continuent de défendre ce système avec la vigueur du désespoir. Prêts à tout pour le soutenir. Et même à menacer ceux

1. Claire Lesdos-Cauhapé (INSEE, division Agriculture), « Les comptes prévisionnels de la branche agriculture pour 2010. Forte remontée des prix des céréales, baisse des charges », INSEE Première, n° 1329, décembre 2010.

qui tenteraient de mettre au jour son absurdite. Mieux vaut mourir avec lui que de le réformer. D'ailleurs, si ce système venait à disparaître, ce serait forcément plus désastreux encore. Voilà leur nouveau chantage. Écoutez, bonnes gens, consommateurs inquiets, écoutez la parole des agriculteurs intensifs. Si vous contribuez à tuer le système, ce ne sera pas pour du mieux, mais pour le pire. Bien pire.

## Chapitre 11

# Il faut sauver le soldat Shadok !

« Ça ne vous plaît pas, ce qu'on fait ? Eh bien, ça vous plaira encore moins quand tout sera parti en Chine ou dans n'importe quel pays qui produira moins cher que nous. Il faut nous défendre, parce que si ce n'est plus nous qui élevons les bêtes, qui produisons les tomates, qui faisons pousser le blé, ce sera fait ailleurs, et ce sera bien pire. » Cette sentence mille fois entendue lors des entretiens menés auprès des éleveurs, comme des arboriculteurs, des maraîchers industriels, sonne comme une menace.

Michel Poirier, présenté dans les premières pages de ce livre, est un gros éleveur porcin, un amoureux de son métier qui ne sait plus à quel saint se vouer et qui n'arrive plus à sortir la tête de l'eau. « Pendant des années, l'État français nous a demandé de nous convertir massivement à l'agriculture intensive, j'en suis un pur produit.

On a exigé que nous produisions beaucoup pour pas cher. Or, aujourd'hui, on nous reproche ce productivisme, on nous stigmatise. Mais nous sommes ici pour nourrir les gens, pas pour les empoisonner. Et si demain la production française s'effondre, la grande distribution achètera à l'étranger. La France sera-t-elle alors capable d'assurer sa sécurité alimentaire ? » « Après avoir tué les petits paysans, ils prennent la société en otage », s'emporte René Louail, syndicaliste ancien de la Confédération paysanne.

À les entendre, pour ne pas tomber de Charybde en Scylla, mieux vaut protéger notre agriculture productiviste plutôt que de risquer qu'elle soit délocalisée ailleurs. « Sauf qu'à force de protéger l'agriculture telle qu'elle est, eh bien l'agriculture française, c'est de la merde, et nos agriculteurs crèvent de faim », résume, dépité, un inspecteur de la santé publique vétérinaire.

Dans le Nord-Pas-de-Calais, les jeunes éleveurs laitiers parlent entre eux de cathédrales de béton pour nommer les vastes bâtiments dans lesquels sont entassées leurs vaches. Des cathédrales qui leur ont coûté les yeux de la tête et pour le remboursement desquelles une vie, la leur, ne suffira pas. Un jeune éleveur vient de reprendre l'élevage de son père. Bien sûr, la coopérative l'a poussé à détruire la simple étable dans laquelle étaient jusque-là parquées les vaches, pour ériger un somptueux bâtiment high-tech, rempli de trayeuses à infrarouges capables toutes seules de retrouver les mamelles de la vache sans que le paysan ait à y mettre les mains. Autant de merveilles de technologie qui déshumanisent chaque jour un peu plus le métier de paysan, pour le réduire à un simple boulot de technicien. Le père avait 40 vaches, et il en vivait plutôt bien. Le fils en a 65 et il ne s'en sort pas. Il gagne deux fois moins d'argent avec ses 65 vaches que son père en son temps avec seulement 40 animaux. À cela s'ajoute le coût de la nourriture que l'on donne aux bêtes. On a fait le choix de retirer les animaux des pâturages, jugeant que c'était un mode d'élevage non seulement trop aléatoire mais insuffisamment productif. Du coup, on s'est mis à faire entrer les vaches dans des hangars et à leur donner du maïs. Mais comme le maïs est carencé en protéines, il a fallu donner aux vaches du soja pour compenser. Donc, en faisant le choix du maïs, on s'est rendu dépendant des importations de soja… Et des fluctuations du marché mondialisé.

Pour le cochon, on l'a vu, c'est exactement le même problème. Des élevages high-tech munis de machines à soupe informatisées qui distribuent la ration alimentaire des porcs à heure fixe via un faisceau de tuyaux qui parcourent les bâtiments surchauffés. Les bêtes ont des puces informatiques dans les oreilles afin d'être reconnues et identifiées par des bornes qui leur distribuent la ration ad hoc. Bref, quand elle se présente devant son auge et qu'elle a la chance de ne pas être entravée comme le reste de ses congénères, la truie PX212 émet un petit « bip » comme un vulgaire code-barres, en attendant que sa ration tombe. Attention, parce que la truie PX213 a une ration légèrement différente et qu'il ne faudrait surtout pas les mélanger… « Au final, les éleveurs de porcs sont endettés à plus de 70 % de leur bilan, déplore Patrice Drillet, vice-président de la Cooperl Arc Atlantique. Aucune banque ne permettrait à un ménage français de s'endetter aussi lourdement. Imaginez, on bosse uniquement pour rembourser les emprunts ! »

La nourriture des porcs est excessivement chère. C'est plus de 60 % du budget d'une porcherie indus'. Eh oui, pour faire pousser les bodybuilders porcins à la vitesse de la lumière, il faut un supercarburant, composé de superdéchets mondialisés, de supervitamines made in China et de supercéréales. Sauf que tout ça, ça coûte cher. Il faut compter à peu près 210 à 220 euros la tonne d'alimentation, 180 euros pour l'engraissement et 250 à 270 euros pour la nourriture des truies et des porcelets. Faites le calcul. Il faut 3 kilos d'aliments pour faire un kilo de cochon. Un élevage riquiqui de 100 truies consomme à peu près 20 tonnes d'alimentation par semaine. Ce qui veut dire que la norme, dans les élevages porcins industriels français, c'est de perdre

20 centimes d'euros par kilo de viande et 15 euros par bête.

Ce gros producteur industriel a un fils qu'il adore. Sa plus grande crainte serait qu'il reprenne son élevage. « Je ne peux pas souhaiter que mon enfant aille là-dedans, ce serait désespérant. Pourtant, j'ai passé ma vie à bâtir cet élevage et j'y passe 20 heures par jour... » Un sentiment partagé par Michel Poirier : « Voilà trente ans que je suis installé. En trente ans, tout a augmenté, la nourriture des porcs, les bâtiments, les soins, tout, sauf le prix du cochon. Les producteurs ne gagnent plus leur vie. D'ailleurs, il n'y a pas de miracle, regardez, il n'y a plus de renouvellement des exploitations en France. C'est beaucoup trop de contraintes et de risques pour si peu de revenus. » En Bretagne, on est passé de près de 200 000 exploitations agricoles en 1955 à 37 000 aujourd'hui. De 2,3 millions dans toute la France à un peu plus de 300 000. Quant aux agriculteurs, on en comptait plus d'un million et demi en 1998 quand il n'en reste que 770 000 aujourd'hui. Depuis deux ans, les revenus des paysans se sont littéralement effondrés : – 34 % en 2009 succédant aux – 20 % de 2008. Plus de 40 000 demandes de RSA ont été déposées par des agriculteurs depuis juin 2009. La Mutualité sociale agricole prévoit 75 000 demandes cette année. Ces quinze dernières années, le prix du porc payé aux éleveurs par la grande distribution a baissé de 30 %. Dans le même temps, le prix que nous, consommateurs, payons en grande surface a augmenté de plus de 20 %.

« Dans les années 1960, les coopératives défendaient réellement le revenu des agriculteurs. Nous étions enfin maîtres de notre économie. Mais c'est fini. La coopérative ne vit plus que pour elle-même. Elle se fout de défendre les intérêts des agriculteurs. Elle a perdu son âme. Elle est plus proche de la grande distribution que de nous autres », s'indigne Michel Poirier, qui regrette que les agriculteurs ne maîtrisent plus leur avenir. « La valeur ajoutée est captée par la grande distribution. Rien n'est plus redistribué aux agriculteurs… Pour fabriquer un porc, il faut 11 mois, la coopérative le garde 4 jours, la grande distribution le vend dans la journée, et ce sont pourtant ces deux maillons-là qui captent l'intégralité de la marge », regrette l'éleveur. Et les agriculteurs ont plutôt intérêt à tenir leur langue et à ne pas faire trop de foin. D'ailleurs, l'un deux, après avoir parlé à un journaliste, n'a pas compris pourquoi sa coopérative refusait de venir prendre ses porcs pour l'abattoir. « Elle me les laissait sur les bras, et moi je les appelais comme un dingue. Je les suppliais. Je leur expliquais que chaque jour qui passe, c'est un jour qui me coûte de l'argent. Sans compter que les porcs continuent à grossir. À faire du gras. Et risquent d'être déclassés parce qu'ils deviennent trop gros pour le marché ! Le responsable de la coopé m'a appelé personnellement pour me dire : ça t'apprendra à fermer ta grande gueule. » Dans ce milieu, c'est l'omerta. Gare à celui qui osera briser la loi du silence.

Le 28 juin dernier, un éleveur-engraisseur du Morbihan osait témoigner à visage découvert dans un reportage sur France 3 intitulé « Assiette tous risques ». Il expliquait notamment que le technicien de la coopérative prescrivait à ses porcs des cures de Tylan, un antibiotique, lorsqu'il estimait que ses charcutiers traînaient un peu. Sans surprise, l'éleveur en a payé les conséquences, comme nous l'apprend le numéro de septembre de *Porc Magazine*. « Suite à ce reportage, le directeur de la Cooperl, Emmanuel Commault, a été convoqué en urgence au siège de Carrefour. Principal client de la coopérative bretonne, le géant de la distribution sait à quel point la mise en cause d'un de ses fournisseurs (dont il avait repéré le logo sur les factures malgré le floutage) peut avoir un impact sur ses ventes et sur son image. Sans compter qu'avec les gammes à marque distributeur, sa responsabilité est doublement engagée. » Conclusion ? « Depuis la diffusion du reportage, la pression est au maximum sur l'engraisseur façonnier, lequel s'était exprimé à visage découvert (l'inconscient !). C'est tout d'abord son technicien qui lui a dit : “Puisque c'est comme ça, on ne te mettra plus d'aliment supplémenté (comprendre avec antibiotiques).” Plus radical, la direction de la coopérative aurait quant à elle tout simplement envisagé de mettre fin à son contrat. »

Et que proposent les grandes coopératives agricoles et les syndicats pour contrer ce désarroi paysan ? Creuser toujours plus profond, pour pomper toujours plus, comme des Shadoks. Quand un système ne marche pas, il ne faut pas en changer, mais continuer, persister, persévérer. Jusqu'à tomber ? En tout cas, les patrons des syndicats dominants n'en démordent pas, l'avenir de l'élevage porcin passera par des élevages industriels encore plus grands ! C'est d'ailleurs ce que visait l'amendement du député Marc Le Fur (bienheureusement retoqué par l'Assemblée nationale), qui voulait faciliter l'installation et l'extension des élevages. « Ce qu'il nous faudrait, c'est pouvoir nous aligner sur ce que font les Danois ou les Allemands[1] », explique sans sourciller Jean-Michel Mauboussin, directeur industrie viande de la Cooperl. Et comment ne pas blêmir (d'effroi pour certains, d'envie pour les autres) face aux rendements astronomiques du secteur porcin allemand, passé de 35 millions de porcs en 1995 à 46 millions aujourd'hui ? Comment faire pour égaler ce modèle enviable ? Inaporc réclame « plus de souplesse » dans l'application des contraintes environnementales et

1. Série d'entretiens avec l'auteur, mars-novembre 2009.

des autorisations d'agrandissement d'exploitations. Comprendre : on se contrefout des algues vertes et autres pollutions. Et on attend de pied ferme que les pouvoirs publics autorisent des installations d'élevages gigantesques. Second point, l'interprofession française râle sec contre la distorsion de compétitivité entraînée par le fait que l'Allemagne a obtenu le droit d'employer à vil prix une main-d'œuvre issue des anciens pays de l'Est. « On ne peut pas s'aligner avec toutes les charges qu'on est obligés de payer en France, peste ce responsable d'une grande coopérative agricole. Nous aussi, on voudrait bénéficier d'une main-d'œuvre moins onéreuse ! » Bref, le rêve de l'agriculteur moderne est toujours le même : des exploitations toujours plus grosses et des salariés payés toujours moins cher, sans comprendre qu'à ce jeu-là ce seront forcément les agriculteurs les perdants…

« On va droit dans le mur », s'emporte Jean-Pierre Pasquet, éleveur de vaches laitières à Châtillon-en-Vendelais, « parce que la course à la production de masse, on ne peut pas la gagner. Il y aura toujours un pays capable de produire plus, pour moins cher que nous ». Un sentiment partagé par René Louail : « L'agriculture mondialisée est un marché très concurrentiel et, quoi que nous en pensions, nous sommes un pays de petits espaces, incapable de rivaliser avec les géants. Ce que ne comprend pas la majeure partie des dirigeants syndicaux d'aujourd'hui, c'est que plus tu t'agrandis, plus tu libéralises le marché, plus tu pousses les grands groupes alimentaires à développer leurs productions et à s'exporter où ils veulent. L'aviculture est déjà brésilienne. Les porcheries finiront en Ukraine, dans les meilleures terres du monde. Et les bagarres de petits soldats avec les Danois et les Allemands n'ont aucun sens. » Et de pester contre une agriculture productiviste laissée aux mains des grands groupes alimentaires : « L'agriculture intensive répond aux besoins de l'industrie et se contrefiche de l'environnement comme des éleveurs. »

Sauf qu'à entendre les agriculteurs pris dans le système industriel, il n'y a aucune autre alternative que de continuer à pomper. Tous raillent l'agriculture bio et les élevages en plein air, n'y voyant que régression et passéisme. « Je ne veux pas revenir au temps de mon grand-père. » « Hors de question de me passer des insecticides et des pesticides. » « Impossible de laisser les bêtes dans les prés. » Il faut dire que les jeunes agriculteurs sont conditionnés dès leur formation par des lycées agricoles qui ne laissent que peu (pas ?) de place aux enseignements alternatifs. Comme si la solution ne pouvait évidemment pas passer par là. « Le technicien de la coopérative ? C'est moi qui lui montre des trucs ! Il est hypercontent, et du coup, il essaie de se tenir au courant de ce qu'il est possible de faire sans phyto », s'amuse Mickaël

Poillion, qui convertit actuellement son exploitation en bio. Mais tout cela relève, hélas, du bricolage. « Tant que les coopératives gagneront plus de fric à vendre des phytos qu'à faire du bio, elles ne s'occuperont pas de nous, conclut lucidement Mickaël. Si on avait mis ne serait-ce que le dixième de tout l'argent que l'on a englouti dans la recherche sur les pesticides et les herbicides dans le bio, on n'en serait pas là aujourd'hui. »

« Il y a une pression incroyable des industriels pour tuer toutes les alternatives. L'objectif, c'est qu'il n'y ait pas d'autre système qui fonctionne. Si tu reconnais de la qualité ailleurs que dans le système industriel, tu fais l'aveu que ce système productiviste, c'est tout sauf de la qualité », fulmine René Louail. La solution ? « Relocaliser et faire bien ! » résume, euphorique, Jean-Pierre Pasquet.

« Les pois et les féveroles sont écolos et bons pour les bêtes. Faisons-en suffisamment en France ! s'enflamme Mickaël. Les éleveurs sont prêts à passer des accords avec les céréaliers pour leur acheter ces produits. Tout le monde serait gagnant. Nous autres éleveurs comme les céréaliers. Ces derniers n'auraient plus à subir les fluctuations des marchés mondialisés et auraient un débouché assuré sur le sol français. » Pourquoi pas, effectivement, choisir des solutions de bon sens plutôt que d'offrir notre agriculture comme un agneau sacrificiel à des traders qui spéculent sur les matières premières comme ils le font sur les cours du pétrole ?

Mais le bon sens n'est pas forcément la chose la mieux partagée sur terre. Et c'est ce que les industriels de Danone sont en train d'apprendre aujourd'hui à leurs dépens. Danone est propriétaire de la filière bio Les Deux Vaches et cherche à implanter du bio en Normandie. Ils se sont associés avec les agences de l'eau locales afin de travailler sur l'assainissement des captages. Car qui dit agriculture bio dit eau protégée. Jusque-là, tout va bien. « Sauf que l'on n'avait pas pensé à tout le reste… », souffle un cadre engagé dans cette belle aventure. « On n'en est pas revenus. Les éleveurs qui sont passés en bio ont vu leur coopérative leur tourner le dos, s'indigne-t-il. Ce n'est pas le seul obstacle. Il y a aussi le problème des vétérinaires. Ils sont tellement habitués à soigner les bêtes à grands coups d'antibiotiques qu'ils ne savent plus faire autrement. » Et voici comment un grand groupe de fabricants de yaourts se retrouve à jouer les soutiens de famille pour éleveurs bio en mal de banquiers. Mieux, ils se transforment également en formateurs de vétérinaires en quête de médecines douces. Autant dire que le chemin de la rédemption agricole sera long et difficile.

Un autre exemple de difficulté pratique ? Un éleveur des Côtes-d'Armor est ainsi récemment passé en bio. Manque de chance, il est entouré d'élevages et de cultures industriels. L'eau du robinet de son coin est donc chargée de pesticides et de nitrates. Pour que le lait de ses vaches soit reconnu en bio, il est obligé de dénitrater son eau par deux fois, en la passant à travers un filtre à charbon. Côté mentalité, c'est dur, dur aussi. Ce jeune paysan bio en sait quelque chose. Son voisin, agriculteur conventionnel et fournisseur de pommes de terre pour un grand groupe industriel, expliquait fièrement, juché sur son tracteur pour traiter abondamment ses patates, que lui ne pourrait jamais faire du bio. Pourquoi ? « Je veux rester bien avec mes voisins. Moi, je ne veux pas être mal vu. » À tel point que, quand sa jeune femme lui a dit qu'elle se lancerait bien dans l'élevage d'ânesses pour faire des cosmétiques bio à partir de leur lait, il faillit faire une syncope. Il fit d'ailleurs bien vite abandonner cette idée saugrenue à sa tendre moitié. Du lait d'ânesse chez les patatiers indus'… Imaginez ce qu'auraient dit les voisins !

Chapitre 12

# Un monde sans pesticides, c'est possible ?

Oui, et ce ne sont pas les militants écolos, les *green extremists*, qui le disent, mais l'INRA, autant dire le bastion de la recherche pour une agriculture productiviste. C'est donc faisable, mais il y a du boulot. Selon l'INRA[1], nos agriculteurs ont la main leste avec les pesticides. Et ça leur coûte très cher. 2 310 millions d'euros[2] sont engloutis chaque année dans les produits phytosanitaires, soit 6 700 euros par exploitation et 90 euros par hectare. Mais en fait, ce sont les grandes cultures qui, à elles seules, concentrent

1. Rapport Écophyto R&D, « Quelles voies pour réduire l'usage des pesticides ? », janvier 2010.

2. Chiffres fournis par le Réseau d'information comptable agricole. Les comptes nationaux avancent 2 442 millions ceux de l'UIPP 2 064 millions pour cette année.

70 % des dépenses de pesticides alors qu'elles ne représentent que la moitié de la surface agricole utile. Comptez donc 134 euros de l'hectare dépensé chaque année en pesticides pour les grandes cultures, ce qui veut dire que pour une exploitation somme toute très moyenne de 200 hectares, le paysan dépensera près de 27 000 euros en pesticides par an… Pour la pomme, il faut compter 1 267 euros à l'hectare, soit pour une exploitation de 20 hectares pas loin de 27 000 euros également, soit 20 mois de SMIC. Pour la pomme de terre, on atteint les 489 euros de pesticides par hectare. Mieux vaut vendre des patates pour amortir de pareils coûts. Il faut dire que la patate détient un bien sinistre record : le petit 1 % des surfaces en pommes de terre est aspergé par 14 % de la totalité des fongicides utilisés en France ! L'INRA lui-même souligne que les pommes de terre reçoivent autant de fongicides, alors que c'est une culture annuelle, que les vignes, culture pérenne s'il en est.

Bonne nouvelle, on peut briser ce cercle vicieux qui oblige les agriculteurs à produire toujours plus, avec toujours plus de produits phytosanitaires onéreux, et ce pour toujours moins cher. Si on diminue de 57 % les traitements sur le maïs, on ne fait baisser les rendements que de 6 % et l'on augmente les marges brutes pour l'agriculteur de 2 %. Tout cela en diminuant la charge de travail de près de 20 %. Pour le tournesol, en diminuant de 66 % les pesticides, on augmente la marge brute de 32 % mais on bosse deux fois plus… Pour le blé tendre, on diminue de 63 % les pesticides, on augmente la marge de 5 % et on travaille 10 % de moins, tout en consommant 10 % d'énergie en moins… Comment ce petit miracle est-il possible ? En réapprenant l'agronomie. Parce que, l'INRA n'en démord pas, c'est là que réside le fond du problème. Il faut réapprendre les gestes d'antan, l'assolement, la succession des cultures, bref, tout ce que nos ancêtres connaissaient sur le bout de leurs doigts et que nous nous sommes empressés d'oublier, trop contents de nous émanciper des lois de la nature par la magie de la chimie. Bien sûr, toutes les cultures ne réagissent pas de la même manière et, en pommes de terre comme en pommes, les résultats sont moins bons. Pour la première, on peut perdre jusqu'à 20 % de rendement et de marge brute en traitant moins. Pour la pomme, c'est pareil, car c'est un des fruits les plus traités. L'indice de fréquence de traitement des pommiers est de 36,5 et peut aller jusqu'à 46,6 dans l'Ouest. Donc on a pris l'habitude de faire avec les phytos, et sans, c'est plus dur, beaucoup plus dur. Mais c'est possible. La preuve : dans les vergers de l'INRA, on a diminué les traitements de près de 70 %. En vergers commerciaux, on peut aller jusqu'à 21 %. Mais là encore, il faut renouer avec des habitudes agronomiques, prévenir les risques, les cerner, utiliser des variétés plus résistantes aux maladies, oui, mais plus moches, que les variétés marketées pour la grande distribution. Bref, là encore, il faut tout simplement réapprendre le métier d'agronome.

Et cela vaut le coup de s'y mettre, puisque l'INRA est formel : cela coûte moins cher aux paysans de produire vertueux pour l'environnement que de polluer. C'est un fait prouvé désormais par les chercheurs de cet institut : l'agriculture intensive n'est pas rentable. Entre les coûts en pesticides, en engrais et en mécanisation, l'agriculteur ne peut pas s'en sortir. En passant à une agriculture vertueuse, respectueuse des saisons, prônant une succession des cultures, les économies réalisées sur l'usage de pesticides et d'engrais sont plus importantes que les coûts engendrés par l'emploi de méthodes alternatives comme le désherbage mécanique. En économisant sur les pesticides, on diminue aussi nettement les engrais car on pense autrement l'agriculture, notamment en développant des surfaces en pois et en légumineuses qui permettent de diminuer les apports d'azote. Mais pour ce faire, il faut réapprendre la rotation des cultures. Un petit exemple ? Planter des pois avant du maïs, ça permet de réduire l'apport azoté de 30 à 40 kilos par hectare. Non seulement le pois n'a pas besoin d'engrais, mais il servira d'engrais pour les cultures qui lui succéderont. Magique. Pas tant que cela pour qui connaît les règles de l'art de l'agronomie.

D'ailleurs, c'est ce que prônent les chercheurs de l'INRA : un développement des connaissances et de la recherche sur toutes les méthodes alternatives à l'agriculture productiviste. Eh oui, allez savoir pourquoi, jusqu'à présent on a mis beaucoup plus d'argent dans l'élaboration de produits phytosanitaires que dans la recherche pour faire plus bio. D'ailleurs, rien de révolutionnaire dans les conclusions de l'INRA, juste du bon sens. Rotation des cultures, choix de variétés rustiques résistant naturellement aux maladies, association de céréales et de pois pour éviter de mettre des engrais, bref, tout ce que faisaient nos grands-parents dans leurs champs armés de leur seul bon sens paysan. Sauf que tout cela ne va plus de soi aujourd'hui.

Pour éviter azote, fongicides et autres régulateurs de croissance, il suffit d'organiser une rotation des cultures, de choisir une variété de blé rustique et de la semer de manière un peu moins dense qu'en agriculture productiviste. Rien de très sorcier et les résultats sont au rendez-vous. Avec, certes, un rendement légèrement moindre, mais des marges plus élevées et moins de travail pour l'agriculteur. Mais les coopératives agricoles refusent d'entendre parler d'une diminution des rendements. Elles doivent augmenter la production afin que les machines onéreuses qu'elles ont acquises avec l'argent des paysans puissent continuer à tourner. Sans même penser, comme le souligne avec ironie le rapport de l'INRA, que si ces coopératives cherchaient vraiment à accroître continuellement leur rendement, « elles devraient formellement déconseiller la pratique des blé sur blé, qui s'accompagne *de facto* de pertes de rendement, d'un accroissement de l'usage des phytosanitaires, et qui conduit souvent à un renchérissement du coût de production du quintal : 15 % des surfaces en blé en France sont des seconds blés, cette proportion atteignant plus de 25 % dans certaines régions ». Pourtant, on continue à faire du blé sur blé, sans rotation, avec des blés calibrés pour l'industrie, et on ajoute continuellement de l'azote dans les champs, des régulateurs de croissance et des fongicides. Bref, on préfère s'enferrer *ad vitam* dans une stratégie absurde qui a fait la preuve de son inefficacité plutôt que de se convertir à une agriculture raisonnable et raisonnée.

Les coopératives invoquent également les problèmes de logistique pour expliquer leur refus de voir des champs où céréales et pois se côtoient. Pourtant, rien ne vaut un tel mélange. Le blé profite de l'azote du pois, et n'a donc pas besoin d'engrais. Et le pois, lui, ne verse pas – c'est-à-dire ne tombe pas – grâce aux tiges rigides du blé. De plus, ces deux compères semés ensemble résistent mieux aux maladies. Parfait. Eh bien non, parce que pour les coopératives, c'est UN silo, UNE variété. On ne va pas s'amuser à trier tout cela, quand même ! Tout ce qui n'est pas parfaitement homogène n'a plus le droit de cité dans l'agriculture d'aujourd'hui. Une fois encore, c'est l'agriculture qui doit se plier aux exigences des coopératives, des industriels et de la grande distribution, et non l'inverse. Pour la betterave et la pomme de terre, le choix des variétés est imposé par les transformateurs, lesquels se moquent que la pomme de terre résiste ou non aux maladies. Ce qu'ils veulent, c'est du rendement, et de la grosse patate qui passe bien dans les machines et qui donnera des frites industrielles parfaitement calibrées. Si un jour la pomme de terre rustique fait autant de rendement que la pomme de terre industrielle, pourquoi pas ? En attendant, on continue dans nos méthodes de Shadoks. Pour le blé, les exigences sont dictées par les meuniers qui ne prendront pourtant au final que 10 % de la production. Mais qu'importe, ils fixent les critères. Et pour eux, hors de question de planter plusieurs variétés de blé ensemble, même si cela permet d'obtenir une bonne résistance aux maladies. Là encore, UNE variété, UN silo. Pas de mélange. Combien de fois faudra-t-il vous répéter que l'agriculture productiviste et ses clients ne veulent voir qu'une seule tête ?

Pas facile de convertir les coopératives à l'agriculture vertueuse. Seule solution envisageable avancée par l'INRA : taxer les pesticides d'un côté et subventionner l'agriculture bio de l'autre. Si on se limite à taxer les pesticides, le taux de prélèvement pour les agriculteurs est beaucoup trop lourd. Et ce même si cet argent est redistribué dans un second temps aux agriculteurs pour bons et loyaux services rendus à mère Nature. Quoi qu'il en soit, il faut commencer par payer les taxes, et elles seraient, dans ce cas de figure, très salées. 101 % pour une réduction de pesticides de l'ordre de 30 %. 182 % pour atteindre les 50 % fixés par le Grenelle de l'environnement…

En revanche, si on subventionne l'agriculture bio en même temps que l'on taxe les pesticides, la pilule est moins difficile à avaler. Avec une aide pour le bio de 140 euros par hectare, il suffirait de taxer les pesticides à hauteur de 60 % pour diminuer de 40 % leur utilisation. D'après les calculs effectués par les chercheurs de l'INRA, le budget serait quasiment à l'équilibre. Autrement dit, il serait possible d'utiliser les recettes de la taxe pour, d'une part, financer la subvention à l'agriculture biologique, et, de l'autre, distribuer une aide uniforme à tous les agriculteurs afin qu'ils atteignent une marge brute équivalant à celle d'aujourd'hui. Bref, si l'on donne 200 euros à l'hectare pour le bio et que l'on taxe à hauteur de 40 % les pesticides, on atteint les objectifs du Grenelle en matière d'agriculture bio, tout en réduisant drastiquement (– 40 %) l'usage de produits phytosanitaires.

Pour y parvenir, il faut laisser tomber toutes les idées saugrenues, et notamment les agrocarburants. Comme le dit pudiquement l'INRA, « la compatibilité de la réduction de l'emploi de pesticides ne semble pas du tout évidente avec le développement des agrocarburants, du moins ceux de première génération. Leur développement implique un maintien voire une augmentation de la production globale, pour ne pas aiguiser la concurrence entre biens alimentaires et non alimentaires, alors que la réduction de l'usage des pesticides peut difficilement se faire sans baisse de production ». Il faudra donc revenir à une idée simple : utiliser la nourriture pour manger et non pas pour faire le plein de sa merveilleuse auto.

Hélas, ce n'est pas la voie que semble vouloir emprunter l'agriculture de demain. La FNSEA, le syndicat majoritaire, vient de porter à sa tête Xavier Beulin, céréalier et président de Sofiprotéol, un groupe industriel regroupant Lesieur, Diester Industrie ou encore Glon Sanders, leader français de la nutrition animale – activité indispensable et complémentaire à celle des agrocarburants, dont elle permet d'écouler les déchets. Sofiprotéol domine la production européenne de biodiesel, nourrit un porc français sur 8 et pèse 5,5 milliards de chiffre d'affaires. On comprendra que cette élection offre un signal fort aux tenants de l'agriculture intensive. D'ailleurs, ses conséquences n'ont pas tardé à peser sur les arbitrages politiques du gouvernement

« Xavier Beulin est de ceux qui ont œuvré à ce que la loi de finance 2011 diminue de moitié le crédit d'impôts en faveur de l'agriculture bio et attribue 196 millions d'euros aux agrocarburants, c'est-à-dire à la filière qu'il porte, regrette Dominique Marion, président de la Fédération nationale de l'agriculture biologique. Comment comprendre la réduction drastique de ce financement du bio quand son montant global ne s'élève qu'à 17 millions d'euros ? » Dommage en effet de couper dans ce maigre budget[1] quand nous peinons cette année encore à atteindre les 2,46 % de surface agricole utile en bio – bien loin des 20 % visés par le Grenelle de l'environnement pour 2020… Mais il faut croire que 17 millions pour le bio, c'est sans doute trop pour les tenants de l'agriculture productiviste, qui préfèrent investir dans des solutions industrielles toujours plus coûteuses pour les paysans, les contribuables et l'environnement.

Car accepter une moindre production, une production plus vertueuse, c'est justement ce dont ne veulent pas entendre parler les agriculteurs dits « modernes ».

---

1. Les budgets du bio seront dorénavant portés par Bruxelles. Ce qui signifie que l'argent que l'État français consacrait jusque-là au bio retombera intégralement dans l'escarcelle de l'agriculture productiviste pour faire de nouvelles usines à (bio)gaz…

## CHAPITRE 13

# *We feed the world*

Briefés durant de longues années par les fabricants de pesticides, les agriculteurs français sont désormais persuadés qu'ils ont pour mission de nourrir le monde, et qu'ils ne doivent en aucun cas diminuer leurs rendements au risque d'affamer la planète. Michel Poirier, éleveur de porcs, explique fièrement que dans les années 1960 un agriculteur nourrissait 20 personnes, alors qu'aujourd'hui il en nourrit 100. « Je suis un pur produit de l'agriculture productiviste. On nous a demandé de produire beaucoup, pour pas cher. On l'a fait. À l'époque, personne ne nous parlait d'environnement. Et maintenant tout le monde nous tombe dessus et nous reproche ce productivisme. Mais attention, la sécurité alimentaire est fragile et nous avons besoin de continuer à produire massivement. »

On mettrait la sécurité alimentaire du monde en danger en convertissant les sols en bio ou en produisant moins ? Pas si sûr. Nadia El-Hage Scialabba a rédigé un rapport très instructif pour le compte de la FAO[1]. Les projections de cette institution sur la période 1999-2030 prévoient une augmentation de la production agricole de 56 %. La part d'agriculture irriguée devrait dans le même temps atteindre les 47 %. Une catastrophe écologique qui ne permettra même pas de nourrir les gens à leur faim. Le nombre de personnes affamées devrait décliner, mais la faim dans le monde frappera encore 300 millions de personnes en 2050. Et la FAO est formelle. Un taux élevé de pauvreté et de malnutrition devrait perdurer avec le modèle actuel d'agriculture productiviste, sans même évoquer la mise en danger de la biodiversité et les dégradations de l'environnement.

Bref, il faudra produire plus, mais surtout mieux. La FAO ne peut se résoudre à un modèle qui appauvrit les populations des pays déshérités. Tout occupées à produire pour notre bétail, elles ne produisent plus pour faire vivre leurs familles. Par ailleurs, cette agriculture intensive met en danger nos ressources d'eau. Comment faire marche arrière ? En produisant bio ! De récents travaux scientifiques indiquent que l'agriculture bio pourrait produire assez pour nourrir le monde. Selon la FAO, « ces modèles économiques sug-

1. Nadia El-Hage Scialabba, « Organic agriculture and food security », Food and Agriculture Organization, 3-5 mai 2007.

gèrent que l'agriculture bio a le potentiel de sécuriser l'offre de nourriture mondiale, comme l'agriculture conventionnelle le fait aujourd'hui, et ce en réduisant les impacts environnementaux ».

Ajoutons à cela qu'aujourd'hui, d'après le Stockholm International Water Institute (SIWI), la FAO et l'International Water Management Institute (IWMI), 50 % de la nourriture produite est tout simplement jetée à la poubelle. Aux États-Unis, on jette 15 à 35 % de la production agricole à la ferme (vous vous souvenez de nos petits cochons toqués sur le béton parce que pas assez vivaces ?). Pour les fruits et légumes, on atteint les 20 à 25 %. Pour les citrons, cela peut aller jusqu'à 50 % (vous savez, tous ces fruits et légumes moches qui n'ont plus droit de cité ?). À cela s'ajoutent les 26 % de perte à la vente. Soit, au total, 100 milliards de dollars tous les ans. Et les consommateurs américains lambda, dans leur cuisine, à votre avis, combien de nourriture gâchent-ils chaque année ? L'équivalent de 48,3 milliards de dollars ! Une famille moyenne de quatre personnes aux États-Unis jette 51 kilos de nourriture par mois.

Mais ne nous croyons pas supérieurs aux Américains. En Grande-Bretagne, 5 millions de tonnes de nourriture partent chaque année dans les poubelles des foyers anglais. Un tiers de la nourriture achetée est jetée. Or la plupart de ces produits sont intacts et toujours dans leur paquet d'origine… Nos voisins anglais ont chiffré à 12 milliards de livres par an (environ 13 milliards d'euros) la fraction évitable des déchets alimentaires et de boisson. En Belgique, on jetterait chaque année l'équivalent de 174 euros de nourriture par ménage. En Suède, les familles avec des enfants en bas âge jettent 25 % de la nourriture qu'elles sont pourtant allées acheter, qu'elles ont rapportée du supermarché dans leur belle voiture, puis conservée dans leur réfrigérateur…

En France, d'après une récente étude de l'Ademe, chacun d'entre nous jette chaque année 7 kilos d'aliments non entamés et encore emballés. On fiche aussi à la poubelle quelque 13 kilos de restes de repas, de fruits et légumes abîmés. En gros, avec nos 20 kilos de déchets par personne et par an, ce sont quelque 1,2 million de tonnes de nourriture qui se retrouvent dans nos poubelles…

Or notre alimentation génère aujourd'hui 20 % du total des émissions quotidiennes de gaz à effet de serre en France. Un repas, c'est en moyenne 3 kilos de gaz à effet de serre. Sans compter l'eau gaspillée. Pour produire 1 kilo de farine, il faut 1 000 litres d'eau. 16 000 litres pour 1 kilo de viande rouge.

Reprenons les 48,3 milliards de dollars gâchés par la ménagère américaine. C'est l'équivalent de 40 000 milliards de litres d'eau, soit assez d'eau pour satisfaire les besoins de 500 millions de personnes. La moitié de l'eau utilisée pour cultiver les terres agricoles est gaspillée. Nous surproduisons, en mettant en danger nos réserves d'eau, l'équilibre des écosystèmes, sans parler de notre santé et de celle des agriculteurs, tout cela pour quoi ? Pour satisfaire notre soif de gaspillage.

Dans le même temps, 925 millions de personnes souffrent de la faim dans le monde.

Récapitulons. 57 milliards d'euros pour le budget de la politique agricole commune. Des centaines de milliards investis, en pure perte, dans l'eau. Que ce soit dans son gaspillage, via le financement de l'irrigation et de la consommation outrancière de l'agriculture, ou dans sa dépollution. Des aides pour supporter la sécheresse, une fois que la ressource en eau a été mise à mal. Des aides pour lutter contre les algues vertes, des aides pour méthaniser le lisier, des aides pour soutenir le revenu des agriculteurs, des aides, des aides, encore des aides... Toujours plus d'aides. Pour colmater ce système délirant. Sans jamais le remettre en cause, ni se poser les bonnes questions.

Pourquoi continuer à financer sur les deniers publics un système coûteux pour les agriculteurs, pour notre santé et pour notre environnement ? Pourquoi ne pas investir massivement dans la conversion vers une agriculture plus durable, respectueuse des hommes et de la planète ? Pourquoi refuser de faire le choix des emplois locaux et pérennes, plutôt que celui de la délocalisation de nos élevages et de nos plantations ? Car, amis paysans, une chose est certaine, nous ne remporterons pas la course au plus productif pour le moindre coût. Il se trouvera toujours (et il se trouve déjà) des pays où les agriculteurs locaux élèveront des bêtes pour moins cher que nous, et feront pousser des tomates pour trois fois rien. En attendant, nous aurons perdu notre savoir-faire, et nous aurons mis à mal la santé de la planète et la nôtre. Tout cela aux frais du contribuable consommateur qui, non content de payer pour sa nourriture, paie aussi pour la décontamination de son environnement et pour les risques que cette agriculture fait peser sur sa santé.

96 % des points de surveillance installés dans les eaux de surface et 61 % dans les eaux souterraines sont contaminés par les pesticides. 229 substances nocives ont été détectées dans les eaux superficielles. Chaque jour, nous avalons, au bas mot, entre 20 et 30 résidus de pesticides. Sans risque ? Ce n'est pas ce que prouvent les derniers travaux scientifiques. Les chercheurs sont formels : il existe un lien indubitable entre l'exposition aux pesticides, notamment in utero, et le cancer. Juste un chiffre : l'incidence du cancer a doublé en vingt-cinq ans. La population vieillit, certes, mais les cancers infantiles progressent eux aussi de manière inquiétante. Autant de cancers

environnementaux bien heureusement pris en charge par notre système de sécurité sociale, qui ploie sous leur coût.

Autre dommage collatéral de notre agriculture sur notre santé : l'antibiorésistance. Dans les élevages concentrationnaires hors sol que l'on a mis en place au sortir de la Seconde Guerre mondiale, sans antibiotiques, point de salut. Sauf que les molécules sont les mêmes pour les humains et pour les bêtes, et qu'à force de traitements on a créé des bactéries super-résistantes. Encore un chiffre. L'antibiorésistance en Europe, c'est 400 000 patients chaque année. 25 000 morts. Pour un coût total de 1,5 milliard par an. Dans le même temps, nos agriculteurs, exsangues, sont en train de mourir à petit feu, de voir leurs revenus s'effondrer à une vitesse vertigineuse. Des situations désespérées qui poussent de plus en plus de paysans au suicide.

Des solutions de bon sens devraient s'imposer à tous. On peut désormais produire en utilisant moins de pesticides. On peut moins traiter les bêtes si tant est que l'on renonce à ce système absurde qui rend les animaux malades à force de les entasser. On peut retrouver des aliments qui ont du goût et des vitamines à partir du moment où on les fait pousser en saison. On peut renoncer à toutes les béquilles chimiques si l'on sait être à l'écoute de la terre. Au lieu de cela, on est en train de crever de notre agriculture, alors que l'on devrait en vivre, et en vivre bien.

Faisons un rêve. Que nos futurs présidentiables prennent à bras-le-corps l'épineuse question de notre agriculture. Il y a de quoi faire, de quoi réformer, pour mieux vivre et faire vivre. N'est-ce pas un beau projet ? Une belle ambition pour vous, pour nous ? Madame, monsieur, cher futur président, si seulement vous osiez…

## Table des matières

Cet ouvrage a été imprimé en France par
CPI Bussière
à Saint-Amand-Montrond (Cher)
en mars 2011

Photocomposition Nord Compo
Villeneuve-d'Ascq

« Pour l'éditeur, le principe est d utiliser des papiers composés de fibres naturelles, renouvelables, recyclables et fabriquées à partir de bois issu de forêts qui adoptent un système d'aménagement durable.

En outre, l'éditeur attend de ses fournisseurs de papier qu'ils s'inscrivent dans une démarche de certification environnementale reconnue. »

36-57-0818-9/08

Dépôt légal : février 2011.
N° d'impression : 110847/4.